契機大占貨殖伝

神通自在

柄澤照當

JN318453

大教正　柄澤照覽著

神通自在　契機大点貨殖傳　全

東京　神誠館藏版

神通自在 契機大占貨殖傳

柄澤照覺著

易學に就て

易は、支那古代に於ける占筮法にして、其源は、造化に基いて人事を明かにし善惡を辨別せしめる、人世從違の時を決せしめんことするなり、其學たる義聖の畫を始めしより、文王の象を演じ、周公の爻辭を繋け、孔子の翼賛せられし書なれば、又廣大にして宇宙の間悉く備はらざるはなし、以て天地陰陽奇偶の理を明かにして造化の秘蘊を闡明し、森羅萬象一として網羅せざるなし、而して其道たるや、屢々遷り、變動して居らず、六虚に周流して上下常なく、剛柔相易はり典要と爲すべからざるものなれば、世の進運と共に生々息まず、變化極りなきものは易より大なるはなき也、凡そ天地間の萬事萬物は變化に依りて進化の理あり而して亦易に備はらざるはなく、各々其時に合して相違へず、易六

十四卦三百八十四爻、一卦として變せざることなく、一爻として變せざるはなし、卦に大小の數あり、爻に貴賤の等あり、變に盛衰の時あり、象に定めなくして自ら其間に定理あり、數を測る可くして測る可からず、理も在るなくして在らざるなく、氣も至るなく至らざるなし、皆萬變すと雖も、其宗一として、離るものなきは易の益々宏大廣遠なる所以也、故に易は時に隨ひて變易し、道に從ふ活物なれば易を學ばんとする者も亦、卦爻文字に拘泥せず、事に應じ、物に感じて習熟し後に豁然の妙を得べきものとす

易占筮儀法

凡そ易占の筮法を論ずるもの古來衆說一ならずと雖も、唯本筮中筮略筮の三法あるのみ、其他は皆牽強附會の妄說のみ、本筮は繫辭傳に詳說する十八變の法也、中筮は之を略して六變と爲せしもの、畧筮は更に畧して三變となせしものにて、皆理のあるありて存する也、故に何れの法に依るも、其能く至誠を竭して神に通ずれば、其命を受け得るに至つては即ち一なるを以て、余は數十年來

の經驗に依り、斷して三變の畧筮を用る、敢て其煩雜を求めざる也、而して筮

は本と神明に酬酢し親しく其命を受くるの道なれば、其著を探るの際妄念雜慮

を絶ち、至誠以て之を求むるに非れば之を得るに能はず、若し一毫の妄念を

其間に挾む時は、假令ひ十有八變するも、豈に鬼神の之に感通するの理あらん

や、況や常人に於てをや、少時間は忘念雜慮を絶つことを得るも、十有八變を

爲すの長時間に亘て必ず念慮の動くなきを保たず、念慮の僅に動けば、則ち其

益なきが故に、余は至誠專一にして、占筮の間、能く精神統一して、少弛なく

其功を瞬時に爲すを貴び、煩を去り簡に就き、常に畧筮を用ゐ敢て其多きを求

めず、今初學の爲めに畧筮の大要を示さん

凡そ人の大事に臨むや、其吉凶成敗を未來に前知せんと欲するも、固より人知

の及ぶ所に非ず。是に於て易道に依り、至誠の術を以て、之を神に問筮すれば

一として示し申げざるはなし。其之を筮せんとするに當りてや、先づ身を淨め

心を洗ひ、閑室に端座し、謹みて筮竹を取るべし。筮竹の數は五十本にして即

ち大衍の數也。此五十本の中より、一本を除きて、中央の筮檀に立て、之を太
極に象り、神靈を倚らしむる。其餘の四十九本を、左の手にて其本を握り、先
を少しく扇形に開き、右の拇指を以て、筮竹の少し廣がりたる中邊に當て、餘
の四指は外より之を抱きて額上に捧げ、眼を閉ぢ、氣息を閉塞し、其占なはん
事を專念すると共に他念を去り、誠意正心精神の疑結する處、思念一徹し、躬
身天地と一也。其之を思ひ、思ふて止まされば神之を祐く。即ち氣息の將に絶
へなんとするに當りて、猶ほ一層の氣力を增すと共に筮竹を中分するときは宇
宙の神靈、筮竹の數に感じて顯はる。是れ至誠の道を以て前知すべきの道術也
而して其中分して兩と爲し以て天地陰陽の兩儀に象る。其右の策を机上に置き
其中より一本を取りて、左の小指の間に挾み、以て天地人の三才に象どる也。
次に左の手に執りたる筮竹を右の手にて、二本づゝ四たび四たびと、即ち八本
づゝ段々に數へ餘て、其零所の數に前の小指の間に其みたる一本を加へ、數へ
終り、卦を立て即ち

一本残れば乾 ☰ の卦也

三本残れば離 ☲ の卦也

五本残れば巽 ☴ の卦也

七本残れば艮 ☶ の卦也

二本残れば兌 ☱ の卦也。

四本残れば震 ☳ の卦也

六本残れば坎 ☵ の卦也

八本の満数にて残りなきときは坤 ☷ の卦也

乃ち序の如く、天、澤、火、雷、風、水、山、地、の八象也。是の如くにして、筮を別ちて之を数へて得たる卦を外卦と稱して上に置き、初めて重畫六爻の一卦を爲す也。例へば初めに一本残れば

初めて得たる卦を内卦と稱して下に置き再び前法の如くにして、

を数へて得たる卦を外卦と稱して上に置き、初めて重畫六爻の一卦を爲す也。例へば初めに一本残れば

六十四卦の内、何れの卦か現はれずと言ふことなし。次に五本残れば、巽にして上に置く上下合して

乾にして之を下に、

小畜の卦となる也。又初めに二本残り、次に六本残れば

風天

水澤節の卦とな

る也。六十四卦皆此例に準じて知るべし
斯の如くにして、卦を得れば、次に爻の變を見る也。其筮法は都て前の如くな
れども、唯筮竹を數ふるに、前の卦を得るには八本拂ひにするは、卦は八卦な
るが故なり。今爻は六爻なるが故に、二本づゝ、三たび三たびこ、六本拂ひに
して餘りの數を取る也。乃ち一本殘れば、初爻にして二本殘れば、二爻と段々
數へて、終に六本の滿數となれば上爻と見る也。其一二三の位は、下より逆に
數へ上る也。故に最下を初と曰ひ、最上六本目を上爻と曰ふ也。此に於て初め
て何卦何爻と相當卦の定まる也

占ひ方法の實例

先づ算木を目前の机上に ≡≡≡ の象に列べ、次に五十本の筮竹を取つて其數を改め、夫から一心を籠め
て神を念じ、其の中の一本を取り除き、此一本は上卦下卦を得る易を立て〻之
を神靈に象どり、決して動かしてはならぬ 次に殘りの四十九本を兩手にて目八分即ち額上は捧げ自分
が占ひたいと望んで居る事に一心を籠めて、無我の境に入つた切那に左右の二つに分けるのである、

そこで分けた時に右の手に、二十六本、左の手に二十三本、殘つたとする、次に此右の手に殘つた、二十六本の中から、一本だけ取つて、左の手に殘つた、二十三本の中へ加へます、さうすると、左の手にある筮竹の數は、二十四本になる譯である、此左の手の二十四本を、二本づゝ四度、即ち八本づゝ二度取り除きます。すると八本づゝ三度取り除くことが出來て殘りが無いことになるが、これは八本づゝ二度取り除けて八本殘つたことになる、即ち坤 ☷ の卦を得た譯である。そこで最初に机上に列べて置いた算木（地天泰の卦）の下卦乾 ☰ を坤に置き換へるのである。これで下卦を得たから、今度は上卦を立てるのである。これは下卦を得た時と同じ方法で、四十九本を兩分する（此際前にも注意して最いた通り最初に取除いた一本は加へないのである）そこで今度は右の手に十五本、左の手に三十四本殘つたとする。そうすると、左の手の三十四本に加へる。そうすると、左の手の十五本の中から一本取つて、左の手の三十四本に加へる。この筮竹は三十五本になつて二本づゝ四度、即ち八本づゝ取り除けば四度取り除けられて、三本殘ること又前と同じく、右の手の十五本の中から一本取つて、左の手の三十四本に加へる。そうすると、左の手になる、即ち離 ☲ の卦を得た譯である。上卦の坤 ☷ を離 ☲ に置換へる。これで、上卦下卦共に得ることが出來たのである斯の如くにして卦を得れば次に爻の變を見る也。其筮法は都て前の如くなれども唯、筮竹を數ふるに前の卦を得るには八本拂ひにするは、卦は八卦なるが故なり。今爻は六爻なるが故に二本づゝ三たび三

ひと六本拂ひにして餘りの數を取るなり。即ち一本殘れば、初爻にして、二本殘れば二爻と段々數へて終に六本の滿數になれば、上爻と見るなり。其の一二三の位は下より逆に數へ上るなり故に最下を初と曰ひ、最上六本目を上爻と曰ふなり此に於て初めて何卦何爻と定め各卦の項目に依て判斷を下すのである

神通自在 契機太占貨殖傳 目次

易學に就て
易占筮儀法
占ひ方法の實例

卦	名	番号
䷀	乾爲天	一
䷁	坤爲地	二
䷂	水雷屯	三
䷃	山水蒙	四
䷄	水天需	五
䷅	天水訟	六

卦	名	番号
䷆	地水師	七
䷇	水地比	八
䷈	風天小畜	九
䷉	天澤履	十
䷊	地天泰	十一
䷋	天地否	十二
䷌	天火同人	十三

火天大有	地山謙	雷地豫	澤雷隨	山風蠱	地澤臨	風地觀	火雷噬嗑	山火賁
十四	十五	十六	十七	十八	十九	二十	二十一	二十二

山地剝	地雷復	天雷无妄	山天大畜	山雷頤	澤風大過	坎爲水	離爲火	澤山咸
二十三	二十四	二十五	二十六	二十七	二十八	二十九	三十	三十一

雷風恒 三十二	天山遯 三十三	雷天大壯 三十四	火地晉 三十五	地火明夷 三十六	風火家人 三十七	火澤睽 三十八	水山蹇 三十九	雷水解 四十

山澤損 四十一	風雷益 四十二	澤天夬 四十三	天風姤 四十四	澤地萃 四十五	地風升 四十六	澤水困 四十七	水風井 四十八	澤火革 四十九

火風鼎 五十

震爲雷 五十一

艮爲山 五十二

風山漸 五十三

雷澤歸妹 五十四

雷火豊 五十五

火山旅 五十六

巽爲風 五十七

兌爲澤 五十八

風水渙 五十九

水澤節 六十

風澤中孚 六十一

雷山小過 六十二

水火既濟 六十三

火水未濟 六十四

易に依り相場の判断

相場高低一ヶ年の見方

相場高低一ヶ月の見方

相場値巾割出法

每月宿星觀測の秘傳

別法易學數理の應用法

實地的中の占例

易學諸物價應用法

天井直底直觀測法

押値戻リ算出法

來月の方針豫測法

米價四季の觀測法

米價每年の豐凶觀測法

六十甲子每日米價強弱法

米價變動別れ日見樣の事

自在考橋大正雀列傳　二　　廣評館藏版

契機太占貨殖傳

神通自在

柄澤照覺著

凡そ人の大事に臨むや其吉凶成敗を未來に前知せんと欲するも固より人知の及ぶ所に非ず、是に於て至誠息すること無きの術を以て、鬼神に質せば鬼神之に感じて其意の在る所を筮數に現はし告命するに八卦の象を以てせらる

易は、支那古代に於ける占筮法にして、其源は、造化に基いて人事を明かにし、善惡を辨別せしめて、人世歸趨の時を決せしめんとするなり、其學たる伏羲の畫を始めしより、文王の卦を演じ、周公の爻辭を繋げ、孔子の翼贊せられし書なれば、又廣大にして、宇宙の間悉く備はらざるはなし、以て天地陰陽奇隅の理を明かにして、造化の秘蘊を闡明し、森羅萬象一として網羅せざるはなし、而して其道たるや屢々遷り、變動して居らず、六虚に周流して上下常なく、剛柔相易はり典要と爲すべからざるものなれば、世の進進と共に生々息まず、變化極りなきもの易より大なるはなきなり、凡そ天地間の萬事萬物は變化に由りて、進化の理あり、而して亦易に備はらざるはなく、易の進化も各其類ありて其則を越へず、各其時に合して相違へず、易六十四卦三百八十四爻、一卦として變せらるはなく、一爻として變せざるはなし、卦に大小の類あり、爻に貴賤の等あり、變に盛衰の時あり、象に定めなくして自ら其間に定理あり數も測る可からず、皆萬變すと雖も其宗は一として離るものなきは易の益々宏大深遠なる所以なり、故に易は時に隨ひて變易し道に從ふ活物なれば、易を學ばんとする者も亦、卦爻文字に拘注せず事に應じ物に感じて習熟し以て活用すべき也

乾為天 （第一）

乾下　乾上

乾 元亨利貞

【運氣】

此卦は、易六十四卦の首に居り、易中にて至尊の卦と爲す、蓋し純陽にして三奇の乾を重ね、上下皆乾なれば天の運行は剛健にして息まず、一日の間斷あることなきに象とり、又た道に在りては天道とし、德に在りては聖德とし、事に在りては大事とし、人に在りては大人と爲し、君父と爲し、尊貴と爲し、物に在りては龍とし、馬とし、總て陽壯の物とし、心に在りては神明とす、又方位に在りては戌亥とし月に配すれば四月と爲す、其の辭に元亨利貞と曰ふものは、元は大なり、始めなり、亨は通なり、利は宜しなり、貞は正と固との二義を兼ね、而して元は亨利貞の德を統ぶ、例へば元は物を生ずるの本にして、其生機の達するを亨と曰ひ、生機の充つるを利と曰ひ、生機の已に熟して凝固するを貞と曰ふ、故に元亨利貞と曰ふ

此卦に遇ふものは六爻龍に象どり、悔吝の異なるものは時なり、君子と雖も、時の宜きに隨ひて進退せざれば悔吝あり、況んや通常の人をや、而して此卦を得るものは、概ね貞正堅固にして、大に活動するに宜し、不正不實の事に此卦を得るときは、凶災直ちに來るべし、又急激なるに利しからず靜かにして人に順ふに宜し、我意を張りて志を貫かんとするときは、事を誤り、後悔することあり

初　姤　住所の動き婦女の爲に憂苦あり

四　小畜　舊きを守るに宜しく物に不足あるべし

二　同人　貞正なれば吉親き人の助勢を得る

五　大有　實情なれば吉なるも不正なれば凶

三　履　妄りに動くときは損失あるべし

六　夬　性急なれば凶意志に反することあり

物價

此卦は人氣と相塲とを計るべし、高き
景氣ありて強からず、高き時此卦を得
れば下る、又下落續く時は上るべし、此卦高低共
に止り節及び直巾は三八の数を以て標準とすべし

初爻變　一時は下落するも後上る事あるべし
二爻變　高し一時は保合ふも遂に高きに至る
三爻變　高下いづれも定め難し然れど大低は安し
四爻變　始め下落し後上る然れど格別の高下なし
五爻變　高く續く時は一旦高くして後に下るべし
上爻變　油斷ならず急に下る事ある注意せよ

賣買

は強大の意志を以て萬事遣り通すべき
である、宜しく變爻の時を察して進退
を決すべし、兎角意の如くならざる時なり、戌亥
の日を用ふるに宜しく、即ち、初爻は時未だ可な
らず、妄りに動くべからざるなり、二爻は、進む
べく時來らば徐々事に從ふに宜し、三爻は、注意し
て事に從ふべし否らざれば損失あり、四爻は、進
退に迷ふの意あり機會を見て進むに宜し、五爻は
氣運既に熱し百事成るべし、上爻は、乾の氣運既
に過ぎたるを以て速に退き悔なきを努むべし

天時	大旱秋に至り雨ふる又晝晴れ夜雨	待人	遲し十日を過ぎて來る辰戌の日音信あり
疾病	夏冬は凶逆上の症重きは死す	移轉	止むに宜し
醫方	西北の間の名醫を以て治すべし	願望	急に成り難し進むに宜しからず
勝負	大抵は凶なるも四五爻は吉なり	失物	出づべし戌亥又物の重なりたる所にあり
旅行	獨行に宜しからず人と共にすべし	盜賊	尋ね難し或は山林に隱る

出產	初胎は女次は男平產なるべし
走人	西方に居るべし八九日の後歸る
婚姻	秋冬によし或は媒妁に妨げあり
訴訟	仲裁の言に從ふに宜し強きは凶
夢	住所を動くか目上の愁などに逢ふべし

坤下　坤上　坤爲地　（第二）

坤元亨、利牝馬之貞、君子有攸往、先迷後得主、
利西南得朋、東北喪朋、安貞吉、

此卦は乾に反し、純陰にして三偶の坤を重ね、上下皆坤なり、之れ地の厚重にして萬物を載せ、仰いて乾天の施しを承け、萬物を化成するに順とるなり、道に有りては地道とし、事に在りては順とし、靜とし、人に在りては女とし、妻とし、母とし、臣とし、卑とし、四時に在りては秋冬とし、方位に在りては未申とし、月に配すれば十月と爲す、坤道は至順にして、人に逆らふことなく、人に從ひて事を處すべく、夫の臣の君に事へ、母の子を育ひ、妻の夫に隨ふが如くなるを要す、故に元亨利二牝馬之貞一と曰ひ坤の元亨は即ち乾の元亨にして、猶月の日光を得て光りあるがごとし、馬の性は柔順にして、能く人に服し、牝馬は尤も柔順なれば、象を此に取る、其乾に從ふを以て貞なるを要す

【運氣】此卦に遇ふものは、諸事和順なるに宜し、若し剛慢にして躁進の行あるときは、大に凶悔あるべし、又親子兄弟朋友等の爲に苦勞損失するの時とす、又往處に困苦することありて、他に移らんとするの望みあるも、止るに宜しく、強て志を遂ぐるに宜しからず、深く愼むべき卦なり

初復
貞正なれば遂に
其志を得べし

二師
住處の動か爭
ひ事の變あり

三謙
永久に事を待つべし
終に宜しく急くは凶

四豫
信心深は時を得
る不正なれば凶

五比
北か未申の間の人を
以て大に幸ひあり

六剥
不正なれば次第に困
る苦痛心あるべし

物價

此卦は人氣と共に相場は弱し多くは保合ふ事多し、然れども大に下りたる時は底落の底と見るべし、日を經て必ず上る事あるべし坤は陰なれば高き時は下ると知るべし、此卦高底共に相塲の節止り及直巾等は一六の數を以て標準とすべし

初爻變　往來ありて次第に上るべし
二爻變　保合て安含遂に下落すべし
三爻變　少往來ありて高下少なく多くは保合ふ
四爻變　初め少往來なるも漸次高調に向ふべし
五爻變　初め安含み保合の氣配なるも遂に上べし
上爻變　不定なるも急騰の塲合は下落すべし

天時　曇りて後雨
疾病　重し三上の變は危し
醫方　未申の間か土偏の付く醫を賴むべし
勝負　大底は凶なるも初爻五爻は吉なり
旅行　夏秋に利し上爻の變あらば止むべし

待人　來らず卯未申の日音信あるべし
移轉　春冬に利しからず
顧望　成れども遲し或は急なるに宜しからず
失物　尋ね難し或は西南に在らん
盗賊　西北に去る捕へらるべし

出産　安し男子を得べし
走人　女の手にて尋ぬべし近きに居る
婚姻　吉急ぐときは成らず夏秋に宜し
訴訟　土地の爭ひなるべし和するに宜し
夢　家内に心配あるべし病氣か損失あらん

賣買

剛明達識の人の後を從つて事を爲すを吉とす、相場は成るべく性急に思はず落付て行ふを吉とす、初爻は賣買共に利を得るべし、二爻は成れとも遲し急に利あらず、三爻は急に成り難し注意し時節を待つべし、四爻は吉賣買共に利益を得るなり、上爻は宜しからず損失あるの時なり又賣買を競爭して禍を蒙むるの意あり止に宜しく、又此爻に於ては特に注意すべきは利益上に從ひ勞して功なき事あり愼むべし

震下
坎上　水雷屯　（第三）

屯元亨利貞、勿用有攸往、利建侯、

此卦易中四難卦の一とす、屯は難みなり、又下卦の震雷は奮發して地を出でんと欲すれども、上卦の坎水之を止むるが如き象あり、進むことを得ざらしむ、故に進まんと欲して進むこと能はず、恰も水中に陷るが如き象あり、蓋し乾坤二卦の後を承け、世は尚は創業の始めの如くにして、多端の際なれば、能く其辛苦に耐へ、勉強して已まざれば、遂に困苦を脱して、亨通を得るものとす、故に元亨利貞と云ひ、全卦の終始を括りて言ふなり、其の勿用有攸往とは、内卦は震の性を以て多く動くを專らとし、外卦坎の知は、時を察せずして進まんとするを戒む、利建侯とは、九五の君、此屯難を濟ふが爲めに、初爻の賢者を擧げて、諸侯と爲し、已れを補助せしむべきを謂ふなり、

【運氣】　此卦に遇ふものは、雷の冬期地下に伏して春暖の時を待つがごとく、舊常の事を守り、靜に時節を待つに宜く、困難すと雖も、退き止りて、其久きに耐ゆれば、漸々に通達して憂苦を免れ、逸樂を得べし、然し氣運は變遷するものなれば、困み極りて必ず亨る、猶冬去り春來り、雷氣發生し、萬物萌動し、蟄虫皆蘇するがごとく、屯の卦變じて雷水解となれば坎水は下に流れ雷は上に時を得たり、則ち屯難解散して、氣運一新すべし、

初比　貞正にして久しき時は親しき人の助を得

四隨　婦人の世話に依て親しき人の力を得

二節　舊きを守る不の意爭ひ事注意

五復　靜に事を待つ時は大に志を得

三既濟　初め苦勞あるも後に望み事達すべし

上益　利益の爲めに爭ふ事ある注意せよ

物價

此卦は相塲底強しと雖も人氣弱し、景氣立ち難く久しくして後に上るもの也底直なること多し保合も遂に上る卦とす故に多少高下あるも高きは賣り安きは買ひ時なり、此卦高底共に止まり節及直巾は二或は七の數を標準とす

初爻變　保合ふも遂に下落す
二爻變　小相塲にて節あり人氣強く見る安すし
三爻變　高けれども保合にて安きも遂に上るべし
四爻變　高下保合相塲にて遂に下とすべし
五爻變　高下往來あり一旦は下るも又上る事あり
上爻變　高下安めなくも遂には上るべし

賣買

雷は轟々として鳴り雨は盆を覆すが如く降り天地創造の時の如く一國創造の時の如く、賣買も何となく心の落付ぬ時とす、多くは支障ありて成り難きの時とす、初爻は信用ある人に託し或は人と共にするに宜しく、二爻は急に成らず或は他人の力に依て成就すべし、三爻は進むべからず勞して效なく損ありて益なし、四爻は充分ならざるも自から求め一心を以て行ふ時は十中の八九分通り利あるべし、五爻は小賣買は可なれども大事は成り難し、上爻勞して功なく賣買は總て見合すべし

旅行	勝負	醫方	疾病	天時
止むに宜し途中に難みあり	大底は宜しきも二四爻は吉なり	北か東の方にて壯年の醫を求むべし	重し三爻變すれば危し	半雨天晴又雷雨の兆
盗賊	**失物**	**願望**	**移轉**	**待人**
西北を尋ぬべし	水邊或は東北に在るべし	急に成り難し又半途にして障りあり	止むに宜し轉すれば損あり	遅し或は來らず五爻は來る
夢	**訴訟**	**婚姻**	**走人**	**出産**
水邊にて驚くことあるか住所の迷ひあり	久くして和すべし	和合せず但再緣は久くして後調ふ	同行の者あり急に尋ぬるに宜し	男子を得難みあるべし

坎下 艮上 山水蒙 （第四）

蒙亨、匪我求童蒙、童蒙求我、初筮告、再三瀆瀆
則不告、利貞、

此卦、屯の倒卦なり、蒙とは昏くして見る所なきなり、巾を以て蔽ふが如く、草の遮るが如し、此卦、下卦坎を夜半とし、上卦艮を平明とす、暗黒にして明かならず、又艮を少男と爲し、坎を疑と爲す、共に蒙昧の象、又坎月を以て艮山の下に沈む、亦冥蒙の象あり、故に名づけて蒙と曰ふ、然れども大象には、山下に泉出づるの象を取れり夫れ山下の泉は、流出して未だ其行く處を知らず、且坎の水氣下より登れば、山上霧を起して益々昧きの義を爲す、之を人に擬すれば少男を以て中男の上に在り、童蒙の智識未だ開けず、昧くして明かならざるが如し

【運氣】此卦に遇ふものは、蒙昧の時なるを以て、知者と雖も、自ら童蒙たるの意を以て事に處し、百事其始めを愼み致すを守るを要す、否ざれば過失災害を免れ難し、都て物に疑惑ありて決定すること能はず或は人を欺きて、反て後悔することあり故に何事を問はず、自己の意を捨て、長者の意見に從ふべし、目下阻滯ありと雖も、貞正堅固なれば、久くして後志を遂ぐべし、又性急或は惰弱の人は、勞して功なし、且空しく散財することあり、常に注意を要するなり

初　損
妄りに動く時は散財苦舌あり

四　未濟
舊きを守て貞正なれば遂に吉なり

二　剝
不正不實は凶し散財あるべし

五　渙
住所に心配あるも動くべからず

三　蠱
物事勞して功なし注意すべし

六　師
目上の人と爭ふは愼むべし凶なり

物價

此卦は通常平隱の相場にして高下保合にて變動少なし或は時としては少しく高き事あるも大した事はなし、又保合の内にも遂に上る事あり、又保合て底直となりて遂に上る事多し此卦高下共に止り節及直巾は四或は九の數を以て標準とすべし

初爻變　小相場にて安き事多し

二爻變　強氣に見ても其の初め高くして後に下る

三爻變　高し然れ共格別強氣に非ず遂に保合べし

四爻變　高下保合小相場にて遂に下るべし

五爻變　高底往來あり一段は下とも又上る事あり

上爻變　往來ありて一段は下るも又上るべし

買賣

前途の見定めが附かぬ迷ひのある時なり、蒙昧の時なれば賣買の方針も何ごとなく進み難い時として、賣買は總て遲きが宜しく急なれば損害あり、初爻二爻は實行に宜しく吉にして賣買は共に利益あり、三爻は障りありて成り難し、四爻は急に達せざるも忍耐せば後に利あるべし、五爻は賣買共に利を得るべし大に進んで宜しきを得べし、上爻は吉なるも性急にして却て事を破るの恐れあり成るべく落付て徐々に事を計るに宜しく遂に勝利あるべし

天時　雨ふる急に晴れがたし

待人　途中に障りあり急に來りがたし

出産　男を得月を延ぶるも安し

疾病　急に治し難し藥に注意すべし

移轉　止むるに宜し此家禍あるべし

走人　山林に隱る急に尋ねがたし

醫方　北方丑寅の間にて名醫を求むべし

願望　始め成らざれど後に成るべし

婚姻　故障あり久くして成るべし

勝負　宜しからず

失物　東北の茅屋或は林中に在るべし

訴訟　長く決せず和するに宜し

旅行　止むに宜し疾病盜難の患ひあり

盜賊　捕へ難し

夢　目下の者に就て損失心配あるべし

乾下 坎上 水天需 （第五）

需有孚光亨、貞吉、利渉大川

此卦、上卦を坎とし、下卦を乾とす、即ち坎の雲天上に登りて、未だ雨と爲らざるの時なり、坎雨は百穀草木を潤し、禽獸魚鼈を生育するものなれば、萬物は皆な雨澤の下るを待つべく、又乾の健銳を以て進まんと欲するも、坎水の險前に在れば、速に進む能はず、水の退くを待つの意あり、凡そ需の象亦萬變なりと雖も、世に飲食より急なるはなし、外卦坎を飲食と爲し、互卦に兌口あり、蓋し萬物は雨澤を需めて生を得、人は飲食を需めて生を養へり、因て名づけて需と曰ふ、需は須なり、需の字、古文にては雲に作り、雨に從ひ、天に從ふ、大象に雲上於レ天需と云へり合せ見るべし、後世雨に从ひ、而に从ふは誤りなり、其の有レ孚光亨とは、九五の君、陽剛中正にして、尊位に居るは、孚ありて正しきの象孚あれば則ち光明にして亨通す

【運氣】此卦に遇ふものは、前に坎水の險あるを以て、容易に進むべからず、妄りに進むときは、難に遇ふべければ、危險の去るを待ちて進むべし、速に進みて悔ひあらんよりは、時に後れて功を圖るに如かず、故に百事舊常を守りて、事の靜なるに宜く、新に事を起すに宜しからず、凡て時の未だ至らざるを知り、意を安んじて時を待つべきなり、然るときは親友の助けを得て大に志を達することあるべし

初 井　物事深く愼むべし　不意の損失あり

四 決　隨分事に靜なるに宜しく急には凶

二 未濟　貞正なれば後に幸福あり

五 泰　實情深く後次第々々吉に向ふ

三 節　物の間違あり又女難を戒むべし

六 小畜　病苦あるか又は何れも不足あるべし

物價

此卦は高下保合にして變動少なし大勢は下落するの卦とす、保合多く活氣少なし、然れども此卦は久しく保合て下落した時は是より上る事あり急落の時は遂に上るべし此卦高低共に止あり節及直巾は一或は六の數を標準とす

初爻變　人氣共に弱くして下る事多し
二爻變　少し強氣を含むも却て安き事あるべし
三爻變　高下往來あり片寄つて強き時下るべし
四爻變　久しく保合變動なきも後に別るゝ事あり
五爻變　保合て強氣の象あるも遂に下るべし
上爻變　動き少なし然れども強氣を含めり

賣買

需は內に力を貯へて安んじ靜に時を待つて後に利を得るの卦とす性急なれば勞して効を失ふべし、總て耐忍して時を待つに宜しく、遂に効を奏すべし、賣買は口舌ありて急に成り難し、初爻二爻の變は特に其時を待つて進むべし、三爻は障りありて成り難し止に宜し、四爻は見込の反對を以て損失を招く事あり深く愼むべし、五爻は中以上の吉なれども大業は見合せよ上爻は他人の引立又意外の人の引立に依て不意に利益を得るべし、此卦は待つて需めるの時なれば何事も考へて進むべし

天時	雨ふれば久しく止まず	待人	遲し音信あるべし	出産	初産は女次は男を得べし障りなし
疾病	長くして急に治し難し	移轉	安住し難し止むに宜し	走人	久しからずして知るべし
醫方	水邊か未申の間に求むべし	願望	急に成りがたし	婚姻	成りがたし
勝負	二五上爻は吉なり	失物	出でがたし戌亥又は水邊ならん	訴訟	長きときは禍あり早く和するに宜し
旅行	止むに宜し行けば驚きあるべし	盗賊	北方に居る捕へ得べし	夢	日ならずして何か身に授あり

坎下 乾上 天水訟 （第六）

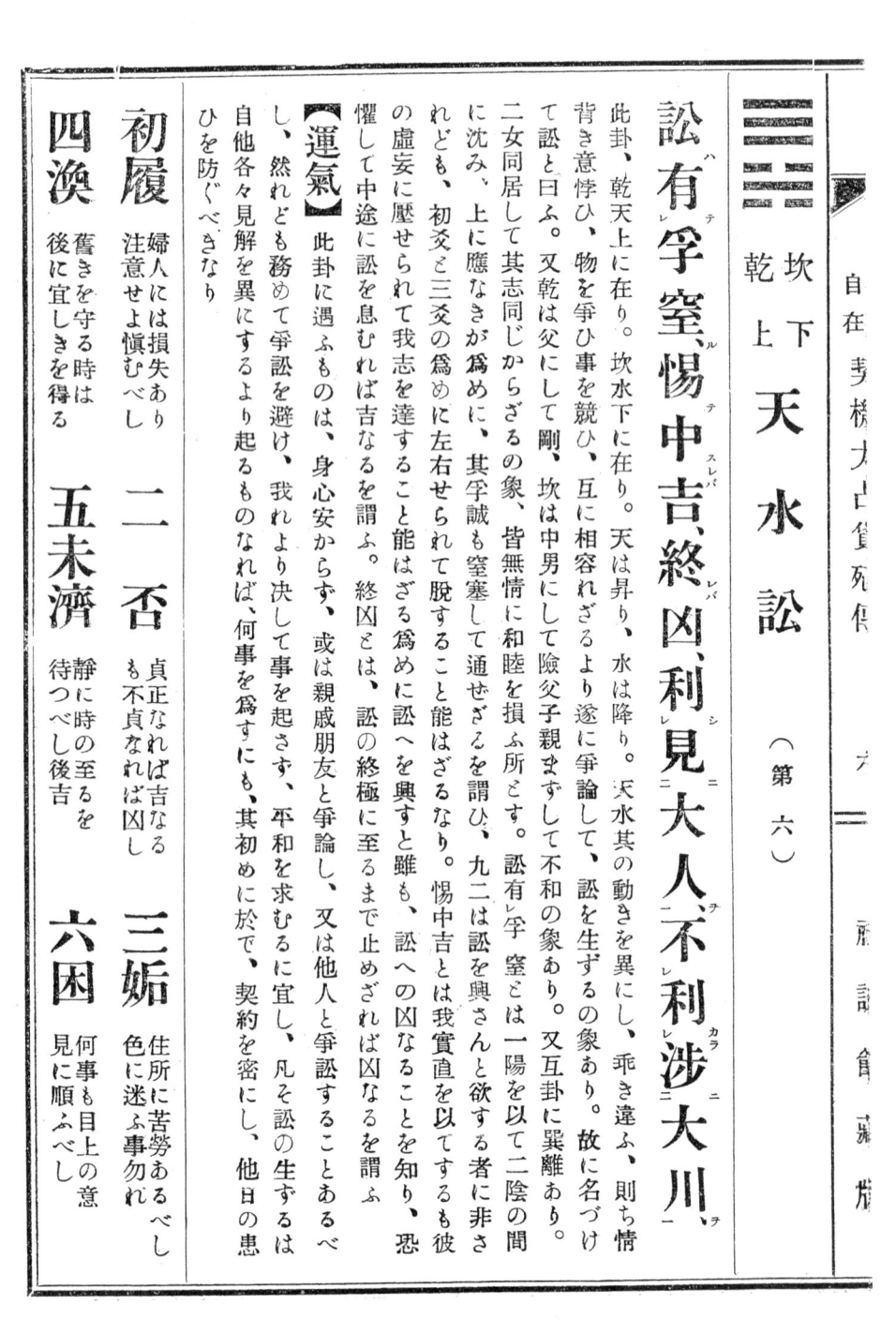

訟有孚窒、惕中吉、終凶、利見大人不利渉大川、

此卦、乾天上に在り。坎水下に在り。天は昇り、水は降り。天水其の動きを異にし、乖き違ふ、則ち情背き意悖ひ、物を爭ひ事を競ひ、互に相容れざるより遂に爭論して、訟を生ずるの象あり。故に名づけて訟と曰ふ。又乾は父にして剛、坎は中男にして險父子親まずして不和の象あり。又互卦に巽離あり。二女同居して其志同じからざるの象、皆無情に和睦を損ふ所とす。訟有孚窒とは一陽を以て二陰の間に沈み、上に應なきが爲めに、其孚誠も窒塞して通ぜざるを謂ひ、九二は訟を興さんと欲する者に非されども、初爻と三爻の爲めに左右せられて脱することを能はざる爲めに訟へを興すと雖も、訟への凶なることを知り、恐懼して中途に訟を息むれば吉なるを謂ふ。終凶とは、訟の終極に至るまで止めざれば凶なるを謂ふ

【運氣】此卦に遇ふものは、身心安からず、或は親戚朋友と爭論し、又は他人と爭訟することあるべし、然れども務めて爭訟を避け、我れより決して事を起さず、平和を求むるに宜し、凡そ訟の生ずるは自他各々見解を異にするより起るものなれば、何事を爲すにも、其初めに於て、契約を密にし、他日の患ひを防ぐべきなり

初 履 婦人には損失あり 注意せよ愼むべし

二 否 貞正なれば吉なるも不貞なれば凶し

三 姤 住所に苦勞あるべし 色に迷ふ事勿れ

四 渙 舊きを守る時は 後に宜しきを得る

五 未濟 靜に時の至るを 待つべし後吉

六 困 何事も目上の意 見に順ふべし

物價

此卦は上下共に引離るゝの卦なり、乾天は上る坎水は下る今の直數が中直と爲て高下するものなり、強氣に見て安き下るなり一旦上るも又間なく下押べし又逆に高き事もあるべし、此卦高低共に止り節及直巾は等は四或は九の數を以て標準とす

初爻變　片寄て高下往來あり然れ共却て下る事有
二爻變　高下なく保合にし人氣相塲共に弱し
三爻變　一段下りて又上る事多し
四爻變　動きて少しく強調なるも遂に下落すべし
五爻變　弱し人氣共に立ち難し保合ふ事多し
上爻變　下り續く時は上る事多し

賣買

身心安からず親戚知已に苦節爭論あり物事急に進まず百事障りありて意の如くならず故に進むに利あらず退きて利し、賣買は注意して進む時は十中の八九迄は利あるべし、寅戌午の日を以てせば吉なり、初爻は初めは苦舌あれども遂に吉を得べし、二爻は貴人の力を假るに宜しく、午未申の日を以て吉とす、三爻は成れども婦人の防害ありて急に成り難く、四爻は凶し勞して効なし、五爻は先に難くして後に成る、上爻は凶し賣買共に止に宜しく若し進めば効なき事に散財多し

天時　雨ふれども三日の内に晴るべし	疾病　急に治し難し	醫方　藥違に注意すべし子の方宜し	勝負　宜しからず慎むべし	旅行　止むに宜し途中禍あるべし
待人　來らず來るも遅し音信あり	移轉　動くに利あらず止むに宜し	願望　大抵成り難し	失物　近きに在るべし	盜賊　西方に在り捕へ得べし
出產　或は月を延ふ男を得べし	走人　尋ねざるを可とす尋ね得れば害あり	婚姻　成り難し再緣は成る	訴訟　止むに宜し	夢　親しき人と爭論する勿れ

坎下 坤上 地水師 （第七）

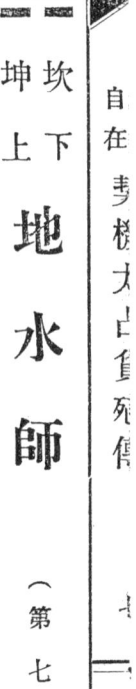

師貞、丈人吉、无咎

此卦、上卦は坤にして順、下卦は坎にして險、險道を行ふと雖も、順を以て動く、即ち師衆を用ゐて征伐するの義なり。又地中に水ありて窮まり盡くることなし。故に名つけて師と曰ふ。モロ／＼と訓んで衆多の義あり。亦兵衆の義、且九二の一陽を以て衆陰を統るは將帥の象あり。故に名つけて師と曰ふ。師範の義あり。又軍の字と同じく用ひてイクサと訓む。古へ二千五百人を師と爲す。丈人は老人の稱、師貞、丈人吉无咎とは軍旅なる者は固より貞正ならざる可らず。師を興し、衆を動かすもの、正しからざれば、民從はざるなり、故に師貞と云ふ。此卦六五の君、柔を以て上に在り。九二の一陽に委任するは、人君將に命じ師を出すの象、故に丈人なれば吉にして咎なしと云ふなり

【運氣】

此卦に遇ふものは、下にして上を犯し、自ら誇りて人を悔り、或は巳れを利するが爲めに人を苦しめ、和順せざるの時にして、人の意見を聞かざるの意あり、又親しき人に就き、苦勞損失あるべく且母子の位地轉倒し、家内不和の象あり。此くの如き諸事其義理を正し、靜に事を處するに宜し、又新たに事を起すときは、勞して功なしと知るべし。唯柔順にして衆を容るの心あれば大に世に稱せられ、人の師範ともなり聲譽あるべし。口舌爭論盜難を防ぐの時危險隱伏の兆あり

四解

舊きを守るに靜かなれば物事調ふべし

初臨

婦人が目下の者に付口舌爭ひを愼むべし

一坤

親しき人の爲に損失あり注意すべし

二坤

貞正は吉なるも不正は凶常業を守るを吉とす

三升

愼み深き人は後に幸福を得るべし

五坎

貞正は吉なるも不正は凶常業を守るを吉とす

六蒙

物事の間違ひあり注意すべき時なり

物價

此卦は高き象にして後に下るべし。然し甚だ安きは遂に高くなる事あり。是れ坤地は動かずして坎は下る故に一方の卦とす。安價の時は底を打つも連日の高きは下落あり。此卦高低共に上り節及び直巾等は四或は九の數を以て標準とす

初爻變　高下ありて強氣を含めども高からず
二爻變　保合って動かず安きに至るべし
三爻變　初めは保合をも次第に上進すべし
四爻變　強氣に似て一旦の下落あるも又上るべし
五爻變　動き往來あるも遂に下るべし
上爻變　保合多く活氣なし遂に少しく上るべし

天時	晴る
疾病	長くして治し難し
醫方	北か未申の間にて此方の醫を求むべし
勝負	宜しからず慎むべし
旅行	藝術を以てする者は吉
待人	遅けれども來るべし
移轉	止むに宜し動けば口舌あり
願望	成れども始め障りあり
失物	得難し
盗賊	捕へ得べし
出産	安からず五爻變は母凶上爻變は子凶
走人	急に尋ね難し
婚姻	成れども凶兆
訴訟	貴人なれば吉婦人は凶
夢	水邊の夢は凶とす其他は事なし

賣買

種々困難に遭遇すべきも之と戰ひ一貫する時は遂に目的を達すべし。賣買は幾多の苦勞あるも之を遂行せば遂に利を得るべし。安價の時は後に苦舌あるも最初より之を豫期して取り掛る時は遂に勝利となる。初爻は大に愼み手出さざる様に注意すべし。二爻は戌亥の日を用ふるに宜しく、三爻は賣買共に進退の宜しきを得るは大に利益あるべし。四爻は少しく害障あれども遂に利益を得るべし。五爻は止むに宜しく効なく凶とす上爻は性急なるときは却て利を損する事あれば遅き程利益を得る事あるべし

坤下 坎上 水地比 （第八）

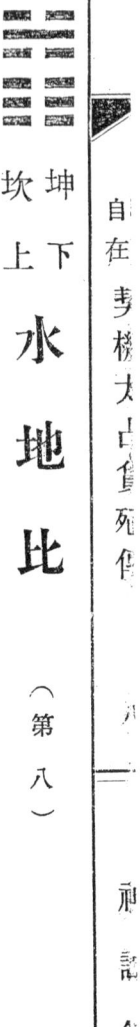

比、吉、原筮、元永貞、无咎、不寧方來、後夫凶、

此卦、坤の地卑くして、坎の水卑きに就く、水の地上に在るや、水能く土に親む、親
輔和樂の義あり又九五の一陽、尊位に居て、五陰之に從ふ。五家を比と爲して、比長之を統ぶるが如し
安居和合の象、故に名つけて比と曰ふ。上を以て下を親めば、則ち下之に歸し、下を以て上を親めば、
則ち上之に與す歸すれば則ち離れず、與すれば則ち孤獨ならず。故に比吉と云ふ、原は再なり。凡そ占
筮するもの下卦を得るを初筮と曰ひ、上卦を得るを原筮と曰ふ。此の卦の主爻は上卦九五に在り、必ず
再筮して之を得。故に原筮と稱す。元永貞は五を指す、五の一陽中に居るは元の象、永く其元を守るは
即ち貞なり、德は元より大なるはなく、元又永貞より貴きはなし、比の時に當り、必ず從ふ所を擇む唯
此の元永貞の人を得て之に比すれば、則ち以て咎を免るべし、不寧とは、五を主として言ふ、五の敢
て康寧せざるを言ふなり

【運氣】此卦に遇ふものは、比は親なり。和なり。故に此卦を得るときは、人と親みて共に事を爲すに
吉なり。獨立して容易に遂げ難き時とす。知音朋友等より輔助せられ、志望を遂げ易し、然れども貞正
和順ならざれば凶、又進退ともに速かなるを貴び、徐緩なるに利しからず。疑惑を懷く人は、機會を逸
して後悔することあるべし都て自己の意見を去り、長上の意見に從ふを可とするの時なり

初屯 横合より故障の起る事に用心すべし

二坎 何事も貞正に守らざれば勞して功なし

三蹇 物事静なるに宜しく性急は凶し

四萃 誠實の人は次第に幸運に向ふべし

五坤 舊きを守りて事の静なるに宜し

六觀 進退宜しく人の引立を得べし

物價

此卦は地水師に其義を同ふして坎水下る一方の卦なり依て保合も遂に下る急騰ある時は又急落ありて兎角相場の片寄ること多くして大勢は安く下落する時とす、人氣は強氣も相場の實体は之に添はず遂に下るべし、此卦高下共に止節及び直巾等は一或は六の數を標準とす

初爻變　保合にて安すきも相場の底強き意あり

二爻變　初め高き時は遂に下るも後小戻りあり

三爻變　不定なるも多くは下落すべし

四爻變　初め安きも保合に上進す急騰あるべし

五爻變　初め安きも遂に上進す急騰あるべし

上爻變　大高下あり初め上るも又急落等ある注意

賣買

我が意見を用ひず目上の意見に從ひて事の處決を爲すに宜しく賣買共に注意すべし大底は成るも妄りに事を起す時は勞して功のなき事あり愼むべし、初爻の變は誠實を以てするに宜しく後成るべし、二爻性急なれば物事仕損するの意あり進退共に注意すべし、三爻は凶止むに宜しく強て進む時は勞して功なし損害を招くべし、四爻は吉進退共に利あるべし、五爻は餘りに宜しからず賣買共に愼まざれば損失あり、上爻は成り難く物事急速は宜しからず愼むべし

天時　雨の時は晴れ晴るゝ時は雨

待人　便りあり

疾病　長くして治し難し

移轉　速かなるに宜し

醫方　北方か神社の邊で老人の官醫を賴むべし

願望　成れども遲し

勝負　大抵は凶なるも四爻變は得べし

失物　出づべし北に在り

旅行　速かなるに吉

盜賊　早ければ捕へ得べし

出産　安し春は女を得秋は男を得

走人　寺院或は婦人の所に隠る

婚姻　成るべし

訴訟　和するに宜し

夢　大に吉、親しき人の力を得べし

巽上 乾下 風天小畜 （第九）

小畜亨、密雲不レ雨、自三我西郊二、

此卦、巽風乾天の上に在り、爻より見れば六四の一陰を以て五陽を畜む、易に於て、陰を小と爲し、陽を大と爲す、其小を以て大を畜むるを以て、小畜と曰ふ、又卦よりすれば巽女の陰柔を以て、乾の剛強を畜む、亦小畜の象なり、小畜亨とは、陽の亨るにして、陰の亨るに非ず、夫れ陰陽の氣、常に相求む、陽は陰の畜むるを得て後に化育の功を成す、蓋し止めされば聚らず、塞がざれば通ぜず、密雲不レ雨は、小畜の象にして、天の時雨を降すや、山川鬱蒸して雲を生じ、雲の積むこと厚からざれば、雨ふらず、之を畜むること極まり、乃ち降りて雨と爲る、自三我西郊二とは、雲の西郊よりして往くを謂ふなり

【運氣】此卦は柔を以て剛を止め、弱を以て強を制し、妻を以て夫を止め、從を以て主を制するの卦なれば、此卦を得るときは、前進の志ありと雖も、障碍せられて進むこと能はず、強て進むときは、禍を免れざるべし、女子の爲めに畜めらるゝ象且つ胸に一物ありて迷ふの時とす、然れども一陰の力、久しきを持つこと能はず上交に至れば、風變じて雨と爲り、陰陽相和して、各其所を得るが故に、此時を待ちて、事を處すべきなり

初巽
動損失あるべし
印形書物等に付驚あるべし

四乾
不實不貞なれば大に
事を仕損ずるならん

二家人
靜に事を待つべ
し後に喜びあり

五大畜
心外なる事あらん
も時節を待つべし

三中孚
貞正なれば後に親
しき人の助を得る

上需
物事舊を守るべし
住處に心勞あり

物價

此卦は高き所に往來して降らず強く保
合にして則ち乾は進まんとして巽に抑
へられ上る事能はず、大勢は強く保合て遂に上進
する事多し又時に連日上騰の際は不意に下落を見
る事もあり占者活斷に注意し、此卦高低共に止まり
節等は五或は十の数を以て標準とす

初爻變　初め少し往來あるも遂に上る事多し
二爻變　初め保合で少し往來あるも遂に急騰あり
三爻變　變動荒し不意に上進する事あり
四爻變　初め強氣急騰あるも後に下落すべし
五爻變　初め強氣を示すも其實体は弱く下るべし
上爻變　強氣も遂に下るべし

賣買

志を達せんとするも横合より妨害を受
ける事を注意せよ、兎角我が目的事に
邪摩を生じて大に難儀をする事多し、進退共に注
意せなければ、勞して功のなき事多し愼むべし。
初爻は他に出でて事を爲すに宜しく、二爻は性急
なれば惡し時を待つに宜しく、三爻は時未だ至ら
ず急に進む時は破れあり愼むべし、四爻は心勞多
く目的は急に進まぬ爲に難儀あるも遂に達するな
く、五爻は上位の援助を得て成るべし、上爻は諸
々の間違ありて疑ひを生じ事の破れ易き意あれば
注意すべし

天時　風ありて曇る雨の時は晴る
待人　來り難し
出産　秋冬の占なれば女を得

疾病　小兒は吉 大人は凶
移轉　夏は凶口舌を防ぐべし
走人　原野に居る尋ぬべし

醫方　北方か辰巳の間宜し
願望　急に成り難し
婚姻　再嫁の女なれば成る

勝負　急に成り難し二爻の變は吉なり
失物　東南に在り女子をして求めしむべし
訴訟　女子に防げられば凶

旅行　出づるも利あらず常の事は吉
盜賊　捕へ難し
夢　親しき人と爭ひを生ずるか物に不足なるべし

兌下
乾上　天澤履　（第十）

履 虎ノ尾ヲ履（シテ）人ヲ咥（ハ）ラ不（レ）ズ、亨（ル）。

此卦は兌の少女柔弱にして、乾の老父剛健なる者の跡を履み行くの象なり、又卦面に就きて之を觀れば六三一陰の柔弱を以て、五陽剛強の中に介まり、行かんとして行き難きの象あり、凡そ剛健を以て柔弱の後を履むは易く、柔弱を以て剛健の後を履むは難く、其の履み行くや、至て危し、此卦全體離に肖たり、離は走類に於て虎に象る、外文明にして内陰質なればなり、上卦乾を虎の首と爲す、二と初と後に在るは虎の尾なり、而して三の陰初二を履むを以て、虎の尾を履むと云ふ、卦名家の辭に連りて象を爲すは、同人觀艮の卦と例を同くす、人は三なり、三を人位と爲す、履む所の尾後に在りて、虎の首前に趣り、上口開かず、故に人を咥はざるの象と爲す

【運氣】此卦に遇ふものは、何事を問はず、敢て輕進することなく、敬を以て已れを持し、和を以て人に接すべし、然るときは、柔能く剛を制し、弱能く強に勝つ、剛暴の制し難きものと雖も、皆柔和の道を以て、之を制することを得べし、若し剛を以て剛を制せんと欲するときは、必ず大なる過失を免れざるべし、内心柔くして外剛戻の意あり、養子の兆あり

初　訟　其身を愼まざれば損失憂苦あり

四　中孚　貞正の人は其身に喜び事あり

二　无妄　印形物事に付損失心配事あり

五　睽　物事至つて不愼なれば大に心勞あり

三　乾　目上の人に怒を請るか又は憂悲あり

六　兌　初めは物事に驚く事あるも後に吉あり

物価　此卦は兌澤は止まりて乾天は上るの卦なれば上昇也澤より底き物はなし、天より高きものはなく故に大に上るの象とす變動は高き時に乾は上る勢ひあるも巽に抑られて上らず合ふ其初めは強氣に見て遂に下落する事多し此卦の高低共に止り節及直巾一或は六の數を標準とす

初爻變　初めは少往來ありて遂に安きに至るべし
二爻變　強氣様に見るも實何は弱し安き下る
三爻變　一段上進めるも又々下押し下るべし
四爻變　高下往來ありて一段上るも又安し
五爻變　變動多し安き低落あるも又上る事多し
上爻變　強氣保合で下る事多し

賣買　宜しからず進退共に注意せざれば災害あり注意を要すべし賣買は特に注意せざれば手違になるの恐れあり愼むべきなり、相場事は成るべく控へ目に爲すべし時の至るを待つべし、初爻は苦節ありて急に成り難し、二爻は吉賣買共に宜しく利を得るべし、三爻は我意を以て進むは失敗の元なり總て愼むべきなり、四爻は大變な心配あるも遂に事成るべし、五爻は貞正なるも物事急に運ばず何となく障りを生じて勞して功なき事多し、上爻は進退共に吉を得べし賣買事其他何事も進むに吉を得べし

天時　晴る曇るとも雨ふらず	**待人**　急に來り難し信書あるべし	**出産**　女を得べし母に利しからず
疾病　女は輕く男は重し急に治せず	**移轉**　安からず止むるに宜し	**走人**　尋ね難し
醫方　水邊か戌亥の間にて求むべし	**願望**　正しき事は遲く成る	**婚姻**　調へども和し難し
勝負　大抵は凶なるも四爻變は吉也	**失物**　得難し	**訴訟**　和するに宜し
旅行　途中に驚きあるべし	**盗賊**　西方に在り捕へ易し	**夢**　信心深き人は障りなし不實なれば凶

䷊ 乾下 坤上 地天泰 （第十一）

泰 小往大來吉亨（ルニシテ）

此卦、乾天下に在り、坤地上に在り、天の貴きを以て、地の賤きに下る、上下交通するの象、即ち天地陰陽の氣、相交通して、四海泰平なるの義なり、蓋し上下の情親密にして、君民の志交らば國自ら治り安寧なるべし、故に名づけて泰と曰ふ、泰は流通して滯りなきの義なり、小往大來とは、小は陰なり、大は陽なり、往とは上、卦に往くを謂ひ、來るとは、下卦來るを謂ふ、蓋し下に在る地氣は、昇りて天に往き上に在る天氣、は下りて下に來るを講ふなり、易に三陰三陽の卦、凡そ二十ありて、泰と否とは其初に居る、故に其辭獨り徃來を以て言ふ、吉とは其道の善なるを謂ひ、亨とは其行ひの通ずるを謂ふなり

【運氣】 此卦に遇ふものは天地陰陽の二氣相交和し、萬物を生育するの象、又夫を以て坤妻に交り乾君を以て坤臣に和し、家齊ひ、國治り、天下泰平の象、又內に剛健の德ありて、外柔順の行ひあり、百事通達す、然れども樂み極りて哀みを生じ、月の望を過ぎて暗きに向ふの意あれば、此卦を得るものは、陰陽消長の理に鑑み、深く戒愼せざる可らず、例へば事を減ずるに宜しく、增すに宜しからず、新に事を創むる等に可ならざるが如し

初 **升** 不正は凶なるも貞正は次第に吉を得る
二 明夷 大に凶し何事も愼まざれば凶し
三 臨 女難或は親類中に心配事注意すべし

四 **大壯** 我が意を捨てゝ人の意見に順ふべし
五 需 舊きを守りて時を待つべし
六 大畜 住所に心配あるべし愼まざれば破れあり

物價

此卦は坤地は下らんと欲し、乾は上んと欲して高下保合の卦にして動かざるの象なり變動少きの時にして小往來あるべし大勢は下落する卦とす、大低は一時的底値を出す迄は下る事多くして活氣なし、此卦は高底共に止り節及び直市等は或は六の數を以て標準とす

初爻變 初め安きも遂に上昇すべし
二爻變 初め高きも遂に下落すること多し
三爻變 安し賣買共人氣強きも遂に下ることあり
四爻變 往來ありて遂に高さことあり
五爻變 變動少し保合ふ不時急騰あり
上爻變 保合動き少きも遂に高し

賣買

陰陽合体の意にして、賣買は皆吉を得るなり各爻陽に依つて進退を決すべし初爻は其初めは意の如くならずと雖も遂に成るとあるべし、二爻は性急に求むるも宜しからず徐かに時の到るを待つ時は遂に成就す、三爻は性急に進む時は不意に成ることあるべし、四爻は同志の友を得て事を謀るに宜しく遂に成就すして進退に宜しきを得る賣買も總て成就す易象に祉ありて以て元吉の辞あり、上爻は其初め成りたる事も一時中傷で破れ難き恐れあれば初めの内に之を止むに宜しき時とす

天時	雨降る
疾病	二四上の變は凶
醫方	未申の間にて醫を求むべし官
勝負	大低は吉を得
旅行	獨行に宜しからず女につき散財あり
待人	來らざるも便りあり
移轉	動くに利あらず
願望	久しくして後に成るべし
失物	得べし自ら失ふなり人の取るに非ず
盗賊	東北の水邊に隱る捕へ難し
出産	安し貴子を産すべし
走人	親しき人の家に隱る求むべし
婚姻	再縁なるべし注意を要す
訴訟	和するに宜し裁判は終りに利あらず
夢	吉なり但し女色を愼むべし

䷋ 坤下 乾上 天地否 （第十二）

否之匪人不利君子貞、大往小來、

此卦、泰に反し、乾天上に在り、坤地下に在り、天地の實体より之を見れば、上下の位置宜しきが如しと雖も、天氣は降らず、地氣は昇らず、陰陽の二氣交らずして、萬物悉く否塞するの象とす、故に名づけて否と曰ふ、否の字、口に從ひ、不に從ふ、下可の意を以て言に見はすの義なり、又閉ぢて行かざるは、陰陽呼吸否塞して通ぜざるなり、否之匪人とは、之を否ぐものは人に非ずこの意なり、人に非ずとは三爻を指す、三爻卦主となりて人位に居り、陰地上に出で、長して三に至れば、六陽己に其半を消す此卦を名づけて否と曰ふものは、此れが爲めなり

【運氣】 此卦に遇ふものは、一家に在りては、父兄剛猛に走り、子弟愚柔に過ぎ、上下の情合はずして、百事乖張し、家道日に替り、或は災禍に罹り、或は錢財を損じ、年時に在りては、風雨調はず、疾病に在りては、胸廓通ぜず、商業に在りては、貨物有るも賣れ難く、事皆此くの如くして、善者ありと雖も、亦之を如何ともすること能はず、君子も亦患害を避け、以て時運の至るを待つべきのみ、然れども人能く天命を畏れ、時に應じて、中庸の道を守る時は、假令ひ否の時に當るも、之を轉じて泰に赴かしむべし

初无妄 妄りに動く時には惡評を得愼むべし

二訟 約の間違ひより爭ひ起る住所に心配あり

三遯 何事も目上の意見に從ふべし

四觀 不實不正なれば難あり愼むべし公

五晉 身心堅固なれば貴人の引立を得

上萃 爭ひを愼むべし女難防ぐべし後に吉

物價

此卦は地天泰の反對にして乾天は上り坤地は下り、今の値を中値として上下引別るの卦なり、大勢保合て遂に上進するの時とす變動は少し初めは保合ひて人氣と共に活氣なく下落の時は多くは底と見る事多し、此卦高低共に止り節及、直巾等は三或は八の数を標準とす

初爻變　初め安く次第に上るも赤下保合ふ事あり
二爻變　逆相場あり次第に上るべし
三爻變　初め保合つて安きも後に上進すべし
四爻變　初め安く保合ひ次第に上進ありて強し
五爻變　保合も次第に變動し遂に上進するとあり
上爻變　保合て少變動多し遂に下るべし

賣買

氣運は宜しからず否の時に當るを以て進退共注意せざれば損失あり賣買は自已の方針に依つて正反對になる事あり總て目上の人に從ひて事を計るに宜しく、初爻は物事成り難く熟れも時の至るを待つべし舊きを守るに宜しく二爻は進退共に吉兆を得る特に賣買上は大に利益を得るべし、三爻は注意せざれば勞して功なし舊きを守るべし、四爻は不運を去つて次第に幸運に向ふ時なり賣買上宜し。五爻は物事細心注意して爲すときは遂に成るべし。上爻は否運をも遂に退け幸運となすことを得て吉なり

天時　晴る	待人　來らず	出産　初胎は女再胎なれば男を得
疾病　長し上卦の變あれば治すべし	移轉　凶止むに宜し	走人　知れ難し但し戌寅の間を尋ぬべし
醫方　未申の方宜し急に藥功を見ざるべし	願望　先きに難くして後に成る	婚姻　成れども障りあり
勝負　勝負は凶なり愼むべし	失物　出で難し	訴訟　利あらず冤罪を受くることあり
旅行　遲きに利し速なる時は口舌あり	盜賊　東方の山林或は水邊に居るべし	夢　不信心なれば無實の災あるべし

離下乾上 天火同人 （第十三）

同人于野亨利渉大川利君子貞

此卦、上卦を天とし、下卦を日とす、大明天に麗き、萬國仰ぎ觀ざるなし、人の同く觀る所、又天氣も上升し、火も炎上し、其性を同くす、故に名づけて同人と曰ふ、卦に於て、地と天と相連なる所を野と爲し、平原一望限りなきが如し、其道廣大にして、至公の德に通ずれば、何事か成らざらん、是を以て同人于野と云ふ、乾健進み行きて、離舟其後に隨ふ、故に利渉大川と云ふ、此卦一陰一陽皆一陰に同くせんことを欲す、然れども二五中正にして、相同くするものは、君子の正道なり、若し其正道を捨て他爻に誘せらるゝときは、貞に非ず、故に利君子貞と云ふなり

【運氣】此卦に遇ふものは、衆心和悦して其心を同じくし、其意を合せ親み深き卦なれば、百事便宜を得、志を遂ぐるの時とす、然れども正直にして邪曲なき卦なれば、不善の志ありて、此卦を得れば凶と知るべし、夫れ天下の事一人を以て成すは難く、人と共に成すは易し、而して人と共にするのは道公なれば則ち道合ひ私なれば則ち道離る、此卦離を明と爲し、知と爲し、乾を正と爲す、人能く離の明知を得て、乾の正健に應し、此を以て事を謀れば、事利しからざるなく、此を以て險を涉れば、險皆涉るべし、此れを以て人に交れば、志通ぜざることなきなり

初 遯
大に心配事あり

四 家人
婚姻養子事の世話事あり吉

物の間違ひより大に心配事あり

二 乾
舊きを守るに宜し妄りに進むは凶し

五 離
不正の人は住所に辛苦あり注意すべし

三 无妄
印形書物の事に付爭論を注意すべし

上 革
貞正なれば吉何事も宜しきを得る

物價

此卦は乾天上に在り離火も共に上る暴
騰の卦なり、下落の時は暴騰す、又大高
下ありて急騰の時は一段の下落を見る事往々あり
即ち上り續く時は下る安保合の時は上る變動の多
き時にして占者の最も活斷を要する時とす此卦高
低共に止り節及直巾等は四或は九の數を標準とす

初爻變　初め保合多くして高下少し
二爻變　初め安く遂に高きに至るも長く保たず
三爻變　根強く保合も遂に一段の高きに至るべし
四爻變　初めは強氣保合も遂に安きに至る
五爻變　初め保合も遂に上る安値を望み買に向べし
上爻變　初め保合も遂に上るべし

賣買

進退共に吉兆を得べし又人と共同して
行ふは最も宜しく、皆成就す又賣買は
安きを望み買方針を執るべし進退共に利益あり、
初爻は利あらず舊きを守るに宜しく、二爻は吉進
退の宜しきを得れば最も利益を得る、三爻は物事成
り難く勞して功を為さず進退共に注意せざれば損
失あり慎むべし、四爻は成れども充分に非ず物事
の過半は達すべし、五爻は吉なり進退の宜しきを
得ば必ず後に成る、上爻は其初め障害ありて横合
より不意に邪魔の現はれ遂に功を為さず初めの内
に止むに宜しく注意せらるべし

天時　雨ふれども忽ちにして晴るべし

疾病　急に治し難し初三上の變は大凶

醫方　已午の間に求むべし北の方大凶

勝負　吉四爻變は特に利あり

旅行　吉但し初二變は止むに宜し

待人　來るべし

移轉　吉但し他の意見に從ふべし

願望　成れども遲し

失物　出で難し

盜賊　捕へ得べし

出産　安し貴子を産むべし

走人　南より東に走る尋ね得べし

婚姻　成れども夫に利あらず

訴訟　久しからずして和すべし

夢　信心深き人は身上に幸福あるべし

䷍ 乾下 離上 火天大有 （第十四）

大有元亨、

此卦は離日乾天の上に在りて、遍く萬物を照らし、庶物蕃盛し、物皆な大なるを得べし、全體に於ては六五の一陰、君位に當りて、上下の五陽に應ず、君心下に交り、賢才輩出し人の大なる者、相率ゐて六五の一陰に歸す、寡を以て衆を統べ、柔を以て剛を有つ、是れ有つことの大なる故に此卦に名づく、又離の明と乾の剛健とを合せ小にしては家を有ち、大にしては國を有つべし、此德此象あるを以て、名づけて大有と曰ふ、元は乾の德なり、亨は父の用なり、剛健文明從容として大順の化を來し、天時に應じて行ふが故に、國力人智文明に進み、庶民太平を樂むの時とす、故に元亨と云ふなり

【運氣】此卦に遇ふものは、時を得たるが如しと雖も、日も中天に在れば、傾くに早く、月も盈つるときは、旣に缺くるあり、況んや人道に於てをや、故に明哲の君子に非ざるよりは、此卦の時に違ひ、始め吉なるも、後に患を生ずる恐れあり、又或は貨財を損し、親戚朋友等に關して、苦勞すること多し、而して人各分限に從ひ、有つ所あるものなれば、其宜く有つべき所に安すべく、又有を求むるの道、公に出づべくして、私に溺るべからず、宜しく自己の意見を捨て、長上の意見に順ふに大吉なり、一意志の進まんとすることあるも、止まるに宜しき時とす

初 鼎 貞正なる人は身の上に大吉悦あり

四大畜 大抵は凶し靜かに舊を守るに宜し

二離 住所を動かす憂苦あり愼むべし

五乾 貞正なれば吉なるも不貞なれば後に惡し

三睽 目上の方に間違ひあり注意せらるべし

上大壯 藝術に依り動くは宜しきも其他は凶し

物価

此卦は同人と同じく上る一方の卦なり
變動荒く高値續く時は天井を打つこと
あり又下續く時は上ることあり、又大勢は強き卦
なる故に底落を見て買時なり占者最も判断に活用
を以てすべし、高潮の時とす此卦高下共に止り節
及び直巾等は三或は八の數を以て標準とす

初爻變　初より次第に上るも長く保たず
二爻變　初め保合も次第上進す或は急騰の意あり
三爻變　強氣保合も少しく安直を示す
四爻變　其初め安きも遂に上るべし
五爻變　上るも長く保たずして下落すべし
上爻變　人氣に反して上るべし

賣買

萬事公明正大に行ふ時は非常なる立身
出世を爲すの時なり又賣買上に於ては
いつも安直を望み買方針を以てすべし進退共に利
あるべし總ては成るの氣運なるも酒色に依りて過
失を生ずる恐れあり愼むべし、初爻は成れども急
にならず、二爻は久しくして遂になるも少しく是
非の事あるべし。三爻は成り難し注意せざれば勞
して功なし。四爻は進退の宜しきを得れば必ず成
就す。五爻は吉目的成就す。上爻は其初め成り難
きも知人の力を以て遂に成就す

天時　雨ふるときは晴れ晴るゝときは雨
疾病　治し難し凶
醫方　戌亥か南の方にて官醫を求むべし
勝負　勝負吉なるも特に四爻に宜し
旅行　西方に行くに宜し

待人　來れども遅し
移轉　二人同所に利し
願望　成り難し文學等に關することは成る
失物　出づべし
盗賊　捕へ難し

出産　安からず又流産を防ぐべし
走人　西北を尋ぬれば得べし
婚姻　急にすれば成らず又初四の變に宜し
訴訟　終に吉を得べし
夢　不正の人は火難か目上の人に離るべし

艮下 坤上 地山謙 （第十五）

謙亨君子有終

此卦は艮山の高きを以て、坤地の下に在り、尊きを以て卑きに下る謙遜の意なり、又艮止止にして、外坤順、内篤實の德ありて、道に止まり、外柔順の行ひありて、能く人に順ふの象、其謙讓の德あるを以て名づけて謙と曰ふ、謙は謙退下に在るの義なり、君子は九三を指す、三は卦主なり。故に九三の爻辭にも、亦君子有終吉と云ふ。有レ終とは、其久しきを謂ふなり。謙の道たる德の基にして、禮義の由りて生ずる所にして、衆人に在りては、久くすること能はず、唯君子謙の德を主として、道を守り禮を行へば、終身全きことを得べく、此道に依るときは、事として妨ぐる者なく、萬般の事亨通せざるなし。行ふとして達せざるなし。行ふとして達せざるなきは謙德の終始なればなり

【運氣】

此卦に遇ふものは、謙の德に體し、驕傲の氣を去り、謙讓すべき時にして、然るときは、辛勞多く、諸事意の如くならずと雖も、後に幸を得るなり。若し之に反すれば必ず凶なり。此卦の吉なるは高きを以て卑に下り、其心愈小にして、其德愈光るに在り。夫れ天下の事始めに亨るもの十の八九、終りに亨るもの十の一二に過ぎず。是れ終りの難きなり。人其終りありて吉ならんことを欲せば、造化の功に體し、陰陽の理を察し、此卦の象義に法とるべし

初 明夷 目上の人の引立を得る
も住所の心配注意せよ

二 升 貞正なれば次第に吉
を得る不貞は凶し

三 坤 事の靜かなるに宜しく
親しき人に心勞あり

四 小過 半途にして物の破れ
を生る愼むべし

五 蹇 不憤不正は後に
後悔あるべし

上 艮 物に障りありて成り
難し注意せらるべし

物價

此卦は艮山坤地の下に在り是れ山の高きを以て地の底に下るの義なり高下共極めて平隱なり往來何れも順調を帶びて一方に片寄らず餘りに活動なきが如し。即ち大勢は初め安くして後に上騰するの卦とす。　此卦高低共止り節等は三或は八の數を以て標準とす

初爻變　其初めは安含みなるも遂に上進す

二爻變　初めは少往來あるも遂に上るべし

三爻變　保合で遂に高し底を打つ事あるべし

四爻變　下る一方で高きに得れば特に急落す

五爻變　少往來である遂に下落す

上爻變　保合で高し

賣買

賣買は總て控へ目にするをよしとす妄りに進む時は損害あり愼むべし。初爻は賣買に着手するに宜しく利を得るべし。二爻は利益多し米株共に向つて吉を得る。三爻は進退共に利を得。買方針に向ふべし。四爻は成り難し賣買に手違する事多し若し進めば損害あるべし。五爻は凶なり愼むべし若し進めば勞して功なきのみならず大損を招く事あり愼むべし。上爻は十中の九迄は成るとも苦節あり他人の横合より邪魔入りて事の破れを生するの恐れあり深く愼むべきなり

天時	雨ふりて後晴る		待人	來らん來るも遲し
			出產	安し男を得べし
疾病	長し老人は危し		移轉	人の意見に從ふべし
			走人	自ら歸るべし
醫方	未申の方に求むべし		願望	久くして後成る
			婚姻	成るべし女子淫亂の象あり
勝負	勝負宜しからず		失物	得難し
			訴訟	和するに宜し
旅行	春冬に宜しからず又同行あるに宜し		盜賊	東南に在り捕へ得べし
			夢	信心深き人は大に幸福あるべし

坤下 震上 雷地豫 （第十六）

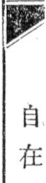

豫利建侯行師、

此卦、震を雷とし、坤を地とす、雷、地を出でゝ奮ふの象、雷の奮ふや、蟄蟲皆蘇し、百果草木皆甲柝し、禽獸皆育す、人も氣運に乗し勢を得て其志を達し、意を娯むの時融和悦樂、是れより大なるはなし、豫又上動き、下順ひ、君命ずれば民順ひ、上下和順し君臣悦樂するの象あり、故に名づけて豫と曰ふ、豫は悦なり、利二建侯行師とは、震を諸侯の象とし、坤を衆の象とすれば、侯を建つるは、民の爲めに利を興す所以なり、民の爲めに害を除く所以なり、然れども動くに順を以てするの要あり既に順なれば、則ち後れず自ら時中の機あり、衆人樂に沈酣して悲に悔ゆ、豫を過つは皆な順動を知らざるに由ればなり

【運氣】此卦に遇ふときは、春雷の發動するが如く、人も好時機に際會して悦びあるべし、然れども震動劇しきの卦なれば、勢に乗じて進むときは、住居安からず、居國を去る等のことあるべし、蓋し五陰にして一陽の卦なれば、其人必ず柔多く剛少し、是を以て動く所、順なるに宜し、若し豫悦に過ぎて、省みざれば、必ず凶災を得べきなり、又豫は悦びて怠るの義あれば、小事と雖も、物に猶豫懈怠することなく、事理を正して、速に之を處すべし、又一旦事成りて破るゝの意あれば、諸事に注意すべきなり

初震 印鑑又は書物等で心配あり慎むべし

二解 正實の人は次第に宜しきも不正凶し

三小過 間違より損失あり又住處に動きあり

四坤 親しき人に損失あり諸事静かなるに宜し

五萃 貞正なれば大に宜しきも時に女難を注意せよ

六普 大に宜しきなれども急に進むは慎むべし

物價

此卦は震雷坤地の上に在り雷の地上に在り雷の地下に當るや其氣解散し氣伸び志を遂げて悦び樂むの義にして相場に於ては雷の地下より地上に發する卦にして上る象とす其初めは安く保合の義あるも上進する時なり此卦高低共に止り節及直巾は五或は十の數を以て標準とす

初爻變　往來有て高し人氣共に活氣あり變動多し
二爻變　初めは強氣に見へて後に安し
三爻變　上下保合多くして變動多し
四爻變　一旦活氣付くも後に保合て又上る象あり
五爻變　初め上るも又後に下落するなり
上爻變　次第に上る大に活氣あるべし

賣買

和樂漸く怠變せんとする時なり故に志行を堅實にせざれば必ず禍を蒙るに至るべし初爻は進むに宜しく賣買共に吉兆あるも其多くは買に宜し、二爻は日を終へず進吉であるから賣買共に宜しきを得る、三爻は宜しからず妄りに進むは勞して効なき事あり注意せよ、四爻は大に得るあゝ賣買共に利あるべし志は大に行はゝの時なり、五爻は宜しからず賣買共に注意せざれば損害あり愼むべし、上爻は餘り宜しからず賣買共に勞して効なし大に愼むべき時なり

天時　晴る夏秋は雷あるべし
待人　來れども障りあり
出産　安からず夏なれば男を得べし

疾病　治し難し急病なれば死すべし
移轉　貴人には吉常人に凶
走人　初め東に行き後未申の間に隠る

醫方　方よろし
願望　成るべし
婚姻　再嫁なるべし成れども夫に宜からず

勝負　大概吉上爻は特に吉なり
失物　得難し
訴訟　勝つべし然れども和するに宜し

旅行　體弱きものと同行すべからず
盗賊　女子なり捕へ難し
夢　良し然れども住居の動きあるべし

震下 兌上 澤雷隨 （第十七）

隨元亨利貞无咎、

此卦、上卦を兌とし、下卦を震とす。雷、澤中に震ふの象なり。雷、澤中に震へば、澤も亦隨て震ふ、隨の象、又震の長男を以て、兌の少女に隨ふ、亦隨の象、皆陽を以て陰に下るの義なれば、名づけて隨と曰ふ、隨は從なり、全卦を見れば、前に行く人ありて、後より之に從ふが如く、初九は六二に隨ひ、六三は九四に隨ひ、九五は上六に隨ふ。皆正應に非ずして、各一陰一陽を以て相比す、亦隨の象なり、

元亨は上下兩體を以て言ひ、利貞は初上兩爻を以て言ふ、震動下に在り、兌悦上に在り、本より大に亨通す可し、然れども陽動き、陰悦ぶ、詭隨に至り易し、故に必ず利貞にして咎なきことを得るなり、初爻は震の主、上爻は兌の主にして、兩爻倶に係應なければ、則ち其動くや心なく、其悦ぶや情なくして貞の道を得るなり。

【運氣】此卦に遇ふときは、剛を以て柔に隨ふの時とす凡そ陽剛の人、肯て人に下らず、是を以て人心乖離し、事業成ることを得ず、若し能く剛を以て柔に下れば、衆心悦服し、其事必ず成るべし、隨とは己れを專らにせざるの意なり。然れども天下の事、不正不實なるもの多ければ、其隨ふ處の虛實邪正を詳かにするを要す。否ざれば、大に災害を受くることあり愼まざる可かず。

初 萃　貞正なれば貴人の引立を得て立身す

四 屯　新規に事を始むる凶し舊を守るべし

二 兌　不意に親しき人と爭論又は色情愼むべし

五 震　印形又は書類の行き違ひあり愼むべし

三 革　目上の意見に順つて大に立身出世する

六 无妄　不正なる人は大に患む損失あり愼むべし

物價

此卦は震の長男兌の少女に隨ふの意にして其隨ひ難きを以て能く隨ふ、故に隨と名づく、相場に於ては此卦震は上らんと欲すれども兌に抑へられて上る事能はず大体は保合多き時とす即ち景氣あれども急に發し難し此卦高低共止り節及直巾等は五或は十の數を以て標準とす

初爻變　其初めは強氣保合ふも遂には下落すべし
二爻變　往來少し高下ありて活氣なく安すし
三爻變　少し高し相場ある意あり不時ありて強し
四爻變　保合ふ少高下あり大抵は遂に下るべし
五爻變　初めは保合安きなるも遂に高し
上爻變　活氣有連騰の時は天井となりて遂に下る

賣買

隨時の眞諦を察せざれば可ならず元亨利貞とあれば萬事大吉なるべし賣買共に吉兆を得る、時に於て活動すべし。二爻は小人に戀愛して君子を失ふの時なり賣買共に勞じて効なし。三爻は自己意見を用ひず目上の賢者に隨て事を爲す時は目的を達すべし。四爻は長上に隨ひ誠を盡して力を竭すも他の障害を受けて急に成り難し進退共に注意せらるべし。五爻は我が目的は彼れ隨ふの時なり賣買共に利益あるべし。上爻は餘り宜しからず兎角障害多くして萬事進まず進退共に注意すべし。

天時　大雨ありて後晴る

疾病　長くして治し難し

醫方　東か北の方宜し

勝負　三爻變は吉

旅行　四五の爻變ずれば止むに宜し

待人　便りありて後來るべし

移轉　驚きあり止むに宜し

願望　成るべし

失物　自ら誤りて失ふなり近きに在るべし

盜賊　東方に在り捕へ難し

出産　吉五爻變ずれば母に災めり

走人　水邊を尋ぬべし

婚姻　成れども初緣は障りあり

訴訟　牢獄の災あり和するに宜し

夢　女難に注意すべし

巽下 艮上 山風蠱 （第十八）

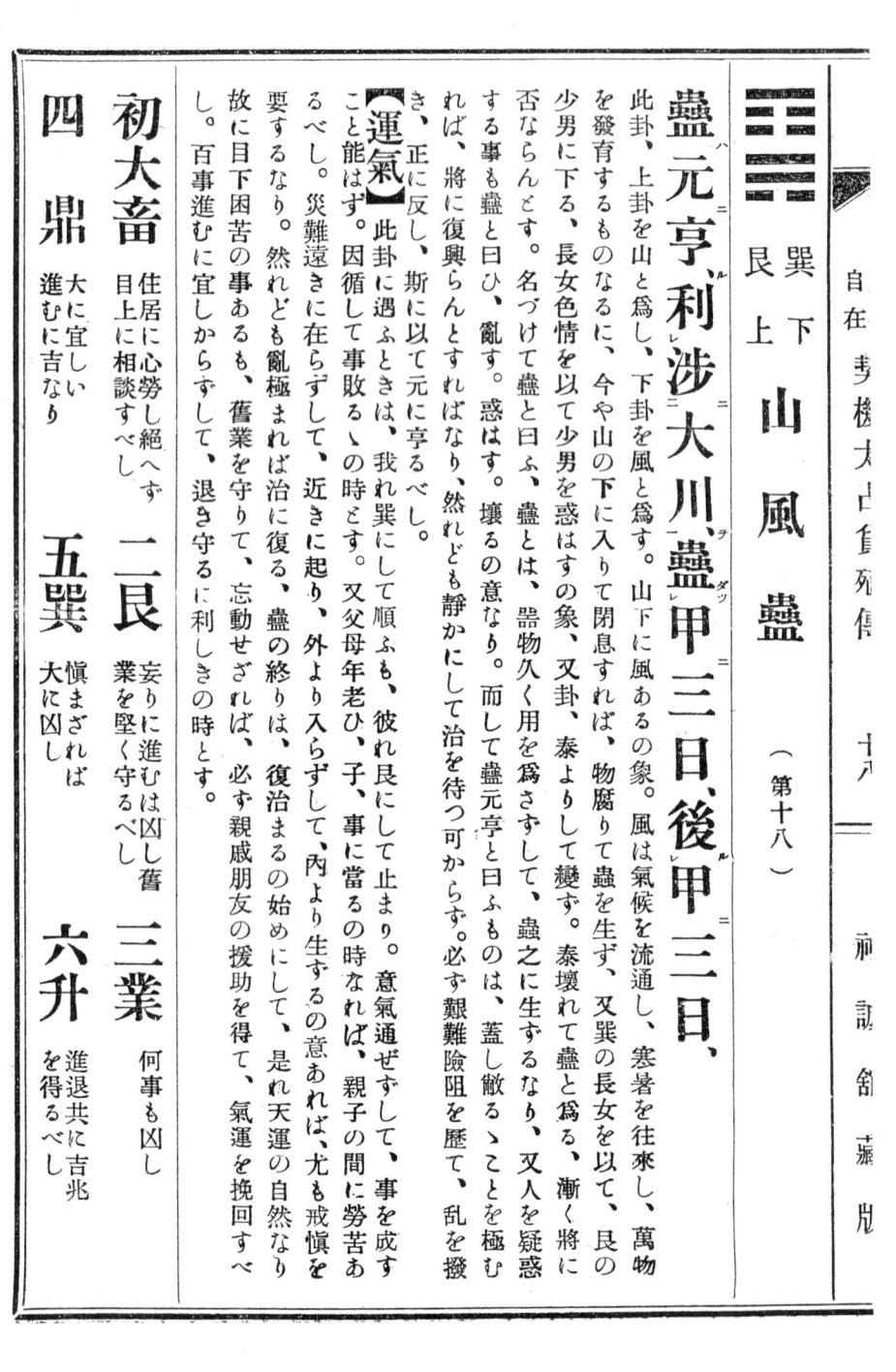

蠱、元亨、利渉大川、蠱甲三日、後甲三日、

此卦、上卦を山と爲し、下卦を風と爲す。山下に風あるの象。風は氣候を流通し、寒暑を往來し、萬物を發育するものなるに、今や山の下に入りて閉息すれば、物腐りて蟲を生ず、又巽の長女を以て、艮の少男に下る、長女色情を以て少男を惑はすの象、又卦、泰よりして變ず。泰壊れて蠱と爲る、漸く將に否ならんとす。名づけて蠱と曰ふ、蠱とは、器物久く用を爲さずして、蟲之に生ずるなり、又人を疑惑する事も蠱と曰ひ、亂す。壊るの意なり。而して蠱元亨と曰ふものは、蓋し敝るゝことを極むれば、將に復興せんとすればなり、然れども靜かにして治を待つ可からず。必ず艱難險阻を歴て、乱を撥き、正に反し、斯に以て元に亨るべし。

【運氣】此卦に遇ふときは、我れ巽にして順ふも、彼れ艮にして止まり。意氣通ぜずして、事を成すこと能はず。因循して事敗るゝの時とす。又父母年老ひ、子、事に當るの時なれば、親子の間に勞苦あるべし。災難遠きに在らずして、近きに起り、外より入らずして、内より生ずるの意あれば、尤も戒愼を要するなり。然れども亂極まれば治に復る、蠱の終りは、復治まるの始めにして、是れ天運の自然なり。故に目下困苦の事あるも、舊業を守りて、忘動せざれば、必ず親戚朋友の援助を得て、氣運を挽回すべし。百事進むに宜しからずして、退き守るに利しきの時とし。

初大畜　住居に心勞し絶へず目上に相談すべし

二艮　妄りに進むは凶し舊業を堅く守るべし

三蠱　何事も凶し

四鼎　大に宜しい進むに吉なり

五巽　愼まざれば大に凶し

六升　進退共に吉兆を得るべし

物價

此卦は巽の長女を以て艮の少男に下る
と名づく、相塲に於ては風山破るの象にして其初
めは保合ふ後に漸騰あるの卦とす然して長らく保
合て急に上らず次第に上進す此卦高低共止り節及
び直巾等は五或は十の數を以て標準とす

初爻變　強氣初めは安保合ふも後に昇騰す
二爻變　小弱來ありて保合で下げなし
三爻變　高下保合ふも遂に安き初なり
四爻變　動きて遂に高し
五爻變　動きて強し然し保合で遂に高き事あり
上爻變　強調次第に上昇し強き方なり

賣買

百事頽廢の氣運にして家に在りては一
家混し家庭奢侈に流れ注意せされば破
産に至るの恐れあり、賣買は、初爻急に成り難き
も多少の苦心をなせば遂に回復するに至るべし、
二爻は賣買共に其初めより注意愼めば遂に成るべ
し、三爻は妄りに進むは凶し愼んて本業を堅く守
るべし、四爻は何事も勞して効なし妄りに進むは
必ず損失あり愼むべし、五爻は進退共に吉兆を得
る大に爲す可き時なり何事も進んで利を得るべし
上爻は大に宜しき時なり進退共に利益あるべし

天時 雨多くして晴少し	**疾病** 大に苦し然れども治すること あり	**醫方** 南の方宜しけれとも急に藥効なし
待人 來る	**移轉** 止むに宜し	**願望** 障りありて成り難し
出産 産後の病苦を恐る三爻變は大凶	**走人** 急に尋ぬれば得べし遅ければ驚あり	**婚姻** 凶止むに宜し

勝負 四爻上爻は吉	**旅行** 止むに宜し
失物 得べしと雖も其物或は壞る	**盗賊** 東南に在り捕へ得べし
訴訟 和するに宜し或は破れあり	**夢** 信心ならざれば損失あるべし

兌下
坤上
地澤臨 （第十九）

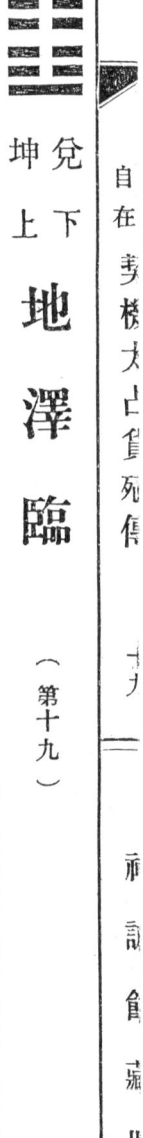

臨'元'亨利貞'至于八月有凶、

此卦、上の坤を母となし、下の兌を少女と爲す。母は少女を愛し、少女は母を慕ふて相臨むの意あり、希望するの情あり、爻に於ては、六五の尊きを以て、九二の卑きに臨む、故に臨と曰ふ。臨とは、上に居りて下に臨むの稱にして、相親み向ふの名なり又全體に於ては、二陽を以て四陰に對し、四陰を以て二陽を見、陰陽相望むの象あり、蠱の卦の事あるに因りて、後に臨の盛大あり、臨の蠱に次ぐ所以なり、其元亨利貞と曰ふものは、二陽方に長じ、進みて乾と爲るの勢は駸々として大に向ふの運あればなり。至于八月有凶とは、此卦、消長に於ては、陽長じて泰と爲り、大壯と爲り夬と爲り、乾と爲り姤と爲り、遯と爲り、八月を經て否と爲る、呑は天地交らずして、萬物通ぜざるの時なれば有凶と謂ふなり

【運氣】此卦に遇ふときは、柔和に宜く、剛強に宜しからず、一時繁榮に赴けども、又衰微するの意あれば、初めより其意を以て驕盈の念を去るべし、且つ未だ寒からずして衣を備へ、未だ飢へずして食を具へ、先きだちて機を察し時に後るゝの悔なきに務むべきなり、天道の循環は人力の挽回する非ざれば、人は唯豫め之に備ふるの念なかるべからず。

初 師
住居に不足ありて
動くか爭あるべし

四 歸妹
婦人に付苦勞あり
愼むべし急は凶

二 復
吉萬事進
で宜し

五 節
約事の間違あり
て大に損失あり

三 泰
進退共
宜し吉

上 頤
余義なき世話
事あるべし

物價

此卦は二陽四陰に對し四陰を以て二陽に臨むと名く相塲に於て其初めに保合あるも次第に上るの象とす、即ち上進は本卦の上爻に至れば下るべし、賣買共に注意を要すべし、此卦高低共止り節及直巾等は一或は六の數を以て標準とすべし

初爻變　安し少しく活氣付くも又安きに至るべし
二爻變　高下往來荒し一旦高くして戻るも又上る
三爻變　初めは保合ふも後に上るべし
四爻變　不時を云ひ往來ありて後に上る
五爻變　節相塲にて不定なり保合多し
上爻變　保合ふて少しく強きに止まるべし

賣買

運命觀に用ふれば初爻の陽が次第に發達して陰を壓す朱子の所謂凌逼するのであるから好運である萬事が發達する意味となる初爻は何事も進んで吉なり殊に賣買事等は特に吉兆を得る、二爻は初爻より一歩進め正に好運に向ふの時なり賣買共に利を得るべし、三爻は充分ならず賣買共に憤まざれば損害あり、四爻は大に宜しき時なり進退共に利を得るべし、五爻是れ又宜兆を得る賣買共に之を行ふ時は意外の大利を得る、上爻は百事吉なり賣買共に利あるべし、即ち上爻の時は相塲の天井と見る事あり

天時　雨ふる久く止まず
待人　來る

疾病　治すれども長し
移轉　吉

醫方　未申の間を吉とす或は水邊に宜し
願望　成るべし

勝負　二三の爻は吉
失物　出て難し

旅行　遠きは凶近きに宜し
盜賊　東南に在り捕へ難し

出產　安し男を得べし
走人　宜し遇ふべし女子は尋ぬるに
婚姻　成るべし
訴訟　早く和するに宜し否れば却て凶
夢　物に評議を請くることあるべし

乾下 巽上 風地觀 （第二十）

観盥而不薦、有孚顒若、

此卦、二剛上に在り。四柔下に在り。上下相觀るを以て義と為す。又下卦坤を民と為し、上卦巽を號令と為す、號令を民に施せば、民皆之を觀る、又全卦の大象は艮にして、大山の高き、亦衆の仰ぎ觀る所皆觀の義あり、故に名づけて觀と曰ふ、此卦群陰上進し、四に至りて極まる、九五尊位に居て之を鎮壓す、禮に諸侯士を貢するときは、君、禮を以て之を賓す。四は即ち賓なり、五は即ち主人なり、卦唯四と五との兩爻相酬酢するを以て、成卦の義となす故に盥而不薦と云ふ。禮に主人盥ふて賓に献じ、賓盥ふて主人に酢す、薦めずとは、單に酒を進めて邊豆を供せざるなり。有孚顒若とは、君の至誠、人をして感ぜしめ、諸侯皆天子の尊嚴を仰ぎ見ると謂ふ、顒は仰くなり、此卦、又風の地上を行くの象にして風は見るべからずと雖も、其物に解るゝを見て、風あるを知る、亦觀の義となすなり。

【運氣】此卦に遇ふ時は、人より尊敬せらるゝの意あれども、風の地上を行くが如く、動搖の義あれば住居安からず、心身勞苦し煩難なることあり、又即今貧しけれども、將來富盛に赴くの望みあり。女難を愼み、正直にして人を愛し、華美を欲するの念を去るに利し、又心を清潔にして敬神の風教を養ふ時とす

初否 何事も目上に付けて計る時は大に利あり

二渙 住居の動きあるも動かざるを吉とす

三漸 物事次第に吉兆を得る

四否 何事も愼まざれば目的に違ふ事あり

五剝 不意に損失を招く事愼むべし

上比 何事も進むに宜しい

物價

此卦は全体に於て二陽四陰に對し四陰を以て二陽に觀る下より上を觀る眞眼の意ある故に觀と名く、相場に於ては上見る義にして上り高き卦なり之れ觀は地上に風ある象にして相場も底強く次第に上進する理あり此卦高低共に止り節及直巾等は三或は八の數を以て標準とす

初爻變　初め少しく往來ありて遂に高し
二爻變　保合ひて下る事多し
三爻變　急に上らずとも漸々に上るものとす
四爻變　高下ありて後に保合ふべし
五爻變　保合か又は連騰の際は急落あり注意せよ
上爻變　安し強氣に見ゆるも遂に下るべし

賣買

志行を愼み信義を守らば期せずして幸運となる進退共に吉兆を得、初爻は宜しからず愼まざれば勞して効なし損失を招く事あり注意すべし、二爻は賣買共に堅實に行ふは吉なるも注意されば損失あり、三爻は大に宜しきも初めに正しく行ふ時は勞して効なき事あり愼むべし、四爻は最も宜しき時勢に適し賣買は重に買方針を執るべし、五爻は吉賣買共に利を得るべし、上爻は餘りに悟り過ぎて人離れす事業家に適せざる故賣買上の事は大に愼みて行ふべし

天時	晴雨定まらず	待人	來らんとして來らず	出産	安し初胎は女次は男なるべし
疾病	治し難し	移轉	吉	走人	東南に求むべし
醫方	西北の間宜し南は大凶	願望	急に成り難し	婚姻	成り難し
勝負	一三六爻吉なり	失物	出で難し然れども後知る	訴訟	急なるに凶徐かなるに吉
旅行	途中にて損失あるべし	盗賊	急に尋ぬれば捕へ得べし	夢	信心あれば大に幸福なることあり

䷔ 震下 離上 火雷噬嗑 （第二十一）

噬嗑亨利用レ獄、

此卦全象に似たり、初上二剛を以て兩唇と爲し、二三四五の四陰を以て齒牙と爲し、噬むの象あり、四爻の一剛其間に梗す、物の口中に在るが如く、初上の二剛四を以て梗と爲し、遂に上下合ふことを得ず此の梗するものを噬み消して、後に兩唇乃ち合ふ、故に名づけて噬嗑と曰ふ、噬はかむなり、嗑は合なり、惟れ特り口のみならず、物の耳に入る、耳必ず聰ならず、物の目に生ずる、目必ず明かならず、物の胸に入る、胸必ず病み、物の心に入る、心必ず蒙す、火子の間、物ありて之を間すれば、父子乖き、兄弟の間物ありて之を間すれば、兄弟離れ、其他夫婦朋友の間も亦此くの如し、是れ人倫に害あるものなり。噬嗑利用レ獄とは、其害を除かんが爲めに刑獄を用ふることを謂ふ、此卦三剛三柔分れて平か、剛に偏せず、柔に偏せず、離火の明は其機を察するなり。震雷の動くは其決を致すなり、動と明と合ひて賞罰章かなるなり、則ち上下二體分れて獄を作し亦二體合て獄を治むるの象なり

【運氣】

此卦に遇ふときは、頤の中に物あるの象なれば、諸事人に隔てらるゝの意あり、然れども噬み合せて通ずるの義あれば、此象義に體し、事を處するときは、始め成らずと雖も後には成るものとす

初 晋 　吉なり

親しき人の世話又は苦勞あり

二 睽 　愼むべし

大凶何事も

三 離 　貞正なれば吉にして何事も達す

四 頤

不正不實の事は凶し愼むべし

五 无妄

不正不實の事は凶し愼むべし

上 震

住居に苦勞あり愼むべし

物価

此卦は九四の一陽頤口の中に入る一陽
合すことを致す故に噬嗑と名く、相場に於ては離
父震雷と共に高き卦にして上るの象とす然し急速
に上らず除々と漸次上進するなり、此卦の高低共
に止り節及び直巾五或は十を以て標準とす

初爻變　初めは保合の状態なるも後必ず上るべし
二爻變　不時ありて乱高下あるも遂に上るべし
三爻變　一時的高きに至るも又保合
四爻變　安含みにて保合多し
五爻變　次第に上るべし
上爻變　上りて又下るべし

賣買

物事は障りありて目的通りに進まず何
となく物の通ぜざる點多し、總ては英
斷的を以て無理にも押す決心にて行ふ時は遂に成
功す、初爻は慎むべし何事も思ふ様に行が慎むべ
し、二爻は凶諸事慎まざれば勞し効なし、三爻
は餘り宜しからず進退共に注意せざれば損失を招
くべし、四爻は大概は吉なり物事注意して進むに
吉、五爻は餘り宜しからず慎まざれば散財あり、上
爻は凶なり事業の調査十分にすべし此爻の時は不
運を去りて幸運に向ふの時なれば十分に念を入れ
進む時は其功を奏すべし

天時　雷雨又雨	待人　來る	出産　秋冬は男を得春夏は女を得
疾病　長くして治し難し	移轉　火災の患あり止むによし	走人　西南に在り得べし
醫方　辰巳の間に求むべし	願望　成とも遅し利欲の為に災を得ることあり	婚姻　成れども口舌あり
勝負　初爻三爻は吉	失物　出で難し	訴訟　判決公平を得べし
旅行　吉但し口舌あるべし	盗賊　市町に在り捕へ得べし	夢　慎み薄き人は近きに驚きあり

自在考機大占賓列傳

離下 艮上 山火賁 （第二十二）

賁亨、小利有攸往、

此卦艮山の下に離火あり。其光り山に映じ、草木皆文彩あるの象。故に名づけて賁と曰ふ。賁は飾るなり。字、貝に从ふ、貝は文彩ありて錦の如くなれば也、卦體剛實を質と爲し、柔虛を文と爲す、剛を大と爲し、柔を小と爲す、内卦の離、一柔を以て二剛の間を文る、光明洞達するものなり、故に亨ると云ふ。然れども陽は實にして陰は虛なり。往きて返らざれば、則ち虛文日に勝つ。外卦乾の一畫、坤上に居り、艮と爲れば、則ち文明にして止り、文質彬々たることを得。故に小利レ有レ攸往と云ふ。小は陰と謂ふなり、蓋し文を用ゆる唯少しく飾る所あるべきも、文飾を務めて、其本眞を害す可からざれば也

【運氣】此卦に遇ふときは、物の美しくして威あるの意あり、住處衣類器物等皆、文飾を專らにするの時とす。然れども山下に火あるは、明遠きに及ばず、小事は成るも、大事は成り難きの時とす、外見大に備りて其内常に足らず、交際上言に信ありて心に實少なし夜陰の象あり、墳墓の意あり。

初艮　静に時の至るを待つに宜しい

二大畜　物事性急なれば凶し後に調ふべし

三頤　不足なる事は止るに宜し慎むべし

四離　離別散財を主とす慎むべし

五家人　吉何事も進むに宜し

上明夷　住居に苦勞あり慎むべし

物價

此卦は一陽往きて上に居る上六の一陰來りて二に居る陰陽交錯して文飾をなす故に賁と名く、相塲に於ては離火は炎上し艮山は此まる故に次第に上進するの象とす、即ち上る一方の卦は高なるも急に上らず除々に上るものなり此卦は高低共に其直巾は一或は六の數を以て標準す

初爻變　人氣は強きも其實体は保合多し
二爻變　強氣に見へて急上なり後必ず高あるべし
三爻變　強含みなるも多くは保合事あり
四爻變　弱氣に見へて強し上るべし
五爻變　保合の体にて遂に上る
上爻變　初めは強硬なるも遂に下落すべし

賣買

身分不相應の目的を起すべからず物事裕々に進む時は後に必ず成就すべし、餘りに華美なる事を起すと遂に勞して效なし慎むべし、初爻は物事上手に進む時は必ず成就す、二爻は上位の人の御氣に入る様に運ぶ時は目的は意外に喜び事あるべし、三爻は大ひに吉事あるべし賣買勝負事は勿論總ての爲す事は皆意の如くに成るべし、四爻不正の人凶なるも貞正の人は日を追て幸運に至るべし、五爻は吉何事も成就す、上爻は餘りの才能を用ふる時は失敗する事あり自然的にまかせて進むを吉とす

天時　雨ふりて晴る	待人　來る	出産　安からず女を得べし
疾病　危し	移轉　安からず大なる障りなし	走人　後歸る南の方を尋ぬべし
醫方　南か丑寅の間に求むべし	願望　急に成り難し	婚姻　成れども後に離別すべし
勝負　五爻は吉	失物　出難し	訴訟　初め喜び後憂ひあり終に和すべし
旅行　行き難き意あれども行くに宜し	盗賊　東北に在り四爻變ぜざれば捕へ得べし	夢　吉凶なし

坤下 艮上 山地剝（第二十三）

剝、不レ利レ有ニ攸往一

此卦、上卦を山とし、下卦を地とす、山は高くして地上に聳ゆるものなるに、今山の下址次第に剝落し山頂は陷下して、地に歸着するの象。又五陰方に盛んにして、一陽を剝せんとす。剝は九月の卦にして肅殺の氣萬物を剝落する象なれば朝華の夕にして零落し、新にして故ならざるなく、芳にして萎まざるはなきが如し、故に剝とは、刀を以て裂き削りて之を去るの義なり、不レ利レ有レ攸往とは、陰邪の勢方に盛んなるを以て、小人の力長ずる時なれば、君子進みて爲す可かざるを謂ふなり

【運氣】

此卦に遇ふときは、時運佳からず、身上零落し、資財稍く消亡するの時なり。然れども枯木に花を生ずるの意あれば、舊きを去りて新なるに從ふに吉、蓋し五陰正に長じ、上の一陽を剝せんとすれば、小人の道長じ、君子宜く坤の順に體し、艮の止るに法とり、順にして分に安んじ、小人と功を爭はず、止まりて以て時を待ち、消息盈虚天の行ひに體し一陽の來復を待つべきなり、此卦陰盛んにして陽を剝し、肅殺の氣、萬物を剝落するの象なり。

初 頤	二 蒙	三 艮
餘義なき世話ありて心勞多し	凶何事も愼まざれば損失あり	性急の望みは遂げ難し靜かに時を待つべし

四 晉	五 觀	六 坤
勞して後に大に宜しきを得る	半ば進に吉なるも注意せらるべし	物に不足あれども何事も愼むべし

物價　此卦は落る也觀から來て今既に剝とな
る其勢ひ將に坤とならんとす是れ陽は
陰に削せられるを以て剝と名く相場に於ては剝盡
すとの卦なれ共地上に山ある之象故に高下反復あ
り即ち高直續く時は天上を打て下る事あり安直續
く時は底を打て少し強きも保合事多し

初爻變　動きて少し強きも保合事多し
二爻變　保合多く平均に弱し
三爻變　保合にて動き難き根強き相場なり
四爻變　初め保合ふも次第に上るべし
五爻變　漸次強硬に至る中途保合て又上るべし
上爻變　強硬を示すも人氣に反して下る事多し

賣買　賣買は成るべく見合す方宜しい不運の
時にして此秋に際し兎角是迄失敗勝ち
の事多くして何か一と儲けを致さうと思ひ煩悶心
苦痛の時であるから何事も注意せざれば勞して效
のなき事あり愼むべし、初爻は非常の勇氣を以て
進むに宜しく、二爻は少し注意せないと損をする
愼むべし、三爻は少し〱無理であるも強氣を以て
進むに吉、四爻は何事も凶し愼むべし、五爻は大
に宜しい何事も買入れても儲かる進に吉なり、上
爻は宜しからず進退共に注意せざれば勞して效な
く損害を招く事あり愼むべし

天時　雨ふる雨の時得れば晴る
疾病　長くして危し
醫方　丑寅か戌亥の間にて求むべし
勝負　凶し
旅行　止むに宜し

待人　來るも遅し
移轉　凶
願望　成るが如くなれども障りあり
失物　西南なれども出難し
盗賊　得難し

出産　驚きあるべし男を得るも多病なり
走人　姿を替ふことあり得難し
婚姻　凶成れば大を尅す
訴訟　永くして利なし
夢　病ひ又憂を主ると知るべし

震下
坤上　地雷復　（第二十四）

復亨、出入无疾、朋來无咎、反復其道、七日來復、利有攸往、

此卦は震雷の地下に伏藏する象なり。一陽を以て五陰の下に在り。陰極りて遂に陽の勢に復れり。蓋し

此卦は剝の卦に相反するなり、剝は上に往きて、復は下に反るが故に名づけて復と曰ふ。復は反るなり

剝の時は陰氣長じて陽を侵し、陽、其の位を失はんとす、此に至りて始めて反り、初に起る、生々元氣

此れより萠動す、故に復亨と云ふ。疾は遽迫の義なり、出入无疾以下、皆初九の一爻を主として言ふ、

出は剛の長ずるなり、入は剛反るなり、一陽始めて生じてより漸く進みて六陽の乾を主として、臨に在りて

は九二と爲り、泰に在りては九三と爲り、大壯に在りては九四と爲り夬に在りては九五と爲り、乾に在

りては上九と爲る、凡そ此六辟卦の主たるもの、皆此一陽なり、姤に至り、一陰始めて生じ陽次を以て

消す其後五陽消し盡きて、此一陽始めて下に復り生ず、是れ出よりして入絕へて急迫なることなし

[運氣] 此卦を人事に擬すれば、惡を去り、善に入るの義にして、人心不善のことありと雖も、平旦

の際、未だ初めより一念の善を萠さずんばあらず、善に復れば則ち自ら咎なきを得べし

過を改むるの意有、質素の意有、故に此卦を得るときは、始め惡しき事あるも復吉に向ふの時と知るべし

初坤　物事性急なるは凶し家事に苦勞あり

四震　住居に心配あり愼むべし

二臨　女に付て苦節あり愼むべきなり

五屯　物に利あらず注意すべし

三明夷　何事も凶し愼むべし

上頤　餘義なき他人の事に心勞あり

物價

此卦は消長に於ては本乾より來りて姤となり姤より來りて遯となる是に於て乾の一陽再び來る故と名く、相場に於ては下る底直にして是より上るの象なり又久しく高直續きたる時は是より下る例も多し、此卦高低共に止り節及ひ直巾等は一或は六の數を以て標準とす

初爻變　一旦は下る安きに至るも又上るべし
二爻變　氣配進みて高きも強氣保合にて急上げなし
三爻變　大下りあるも底直を打ち後少しく上る
四爻變　次第に高調に至る一旦安きも又上るべし
五爻變　初めは安く下るも後上進の步調で上る
上爻變　保合て强し

賣買

賣買は皆利益を得る時なり此時に當り漸次復活し進退共に宜しきを得るの氣運なれば總ては吉兆を得るべし、初爻は進退共に賣買は利あるべし、二爻は其目的は好く達するも中途少しく障害ありて一寸中止的なるも遂に達す、三爻は餘りに宜しからず賣買共に注意せざれば損失あり愼むべし、四爻は他人と共同して行ふ業も自分獨り好結果を得るべし、五爻は進退共に吉兆を得て何事も進んで吉なり、上爻は彼れ是れ迷ふ事ありて愼まざれば遂に損失を招く事あり注意せよ

天時	雨ふる雨ふる時は晴れ	待人	來る	出產	男を得少し難みあり
疾病	危ふければも治すべし	移轉	家內和せざる家なり春移るべし	走人	久しからずして歸る
醫方	西南の間か東を吉とす	願望	遲けれども成る	婚姻	再緣は成るべし
勝負	半吉	失物	急に出で難し	訴訟	利を得べし
旅行	北方に宜し中途より西南に向ふべし	盜賊	捕へ難し	夢	信心なれば次第に宜しきことあるべし

震下 乾上 天雷无妄 （第二十五）

无妄元亨利貞、其匪正有眚不利有攸往、

此卦、乾を上にし、震を下にす。乾は天なり、震は動なり。動きて天に應ず。故に无妄と曰ふ、妄とは虚妄の義にして、眞實に非ざるを謂ふ。故に无妄なれば誠なり。自然に發する誠實を謂ふ、夫れ誠は天の道なり。是を以て乾と同じく、元亨利貞の四德を係く、誠なれば正しからざることなし。其れとは別に戒めを設くる辭なり。正しければ則ち動きて利しからざるなし。其正しきに非ずして往く攸有らんと欲するは、是れ人欲の爲めに使はるゝ所にして、己の行爲を縱にする妄動なれば、皆眚あることを免れず故に不利有攸往と云ふなり。

【運氣】此卦は天道運行の象にして、夫の四時行はれ、百物成るもの、眞誠无妄なるが如し。妄とは無を以て有と爲し、有を以て無と爲すの類を謂ふ。蓋し人一點の妄なければ、天人合一にして、至眞至誠なれば、亦此卦を得て吉ならざるなし、然れども世間此くの如き人少ければ、此卦を得るときは過半凶なりと知るべし、故に象に正しきに匪ればと云ひ、人に敎ふるに天命に從ふべきことを以てす易の戒めを垂るゝ深し、故に百事自然に任せ、進みて事を取らざるのみならず、唯謹愼を務め氣運の循環し去るを待ちて神を祈り無事を保つを以て大功となすべし。

初否　貞正を守らざれば災害あり愼むべし

四益　書物印形等に心配あり注意せよ

二履　親しき人の爲に損失苦勞あり

五噬嗑　事の間違あり愼むべきなり

三同人　進退共に吉兆あり萬事進吉

上爻隨　何事も進んで喜びあり

物價

此卦は乾天震動体を含む是れ天道運行の象あり百事成る皆れ自然の妙用にして故に妄と名づ相場に於ては不時在て急に上る卦なり又乾天は高きを示す震雷突發せば乾剛反つて之を抑へて止むるの象あり、此卦高低直巾等は五或は十の數を以て標準とす

初爻變　人氣強く相場は上る象にて却て弱し
二爻變　片寄る相場にて初め高くも後に下るべし
三爻變　人氣強氣なるも保合て動き難し
四爻變　高下波瀾あるも其割に直巾はなく保合ふ
五爻變　人氣に進んで高調を示す
上爻變　少變動にて遂に下る事あるべし

賣買

運氣充分ならず進退共に注意せざれば損失を招く事あり慎むべし然れども此時に際し非常決心の勇氣を以て賢者の意見を用ひて進んだならば其目的を達するのである、初爻は物事熟考して進む時は何事も成るべし、二爻は急速に従かず何事も時を待つべし後に必ず好結果あり、三爻は進退共に宜しからず何事も慎まざれば損害あり注意せらるべし、四爻は中ば宜しきも貞正ならざれば凶し、五爻は其初めは少しく障害ありて急に達せざるも遂に意外の好結果を得る、上爻は凶し

天時　晴るゝ初爻變は雨　二爻變は風あり
疾病　男子は吉　女子は凶
醫方　東か成亥の間に求むべし
勝負　上爻吉なるは他に凶し
旅行　止むに宜し

待人　來る
移轉　吉
願望　急に成り難し
失物　女子に問ふて得べし
盜賊　捕へ得べし

出産　男を得女子を得れば毋凶し
走人　自ら尋ぬるに宜しからず
婚姻　成るべし初縁は凶
訴訟　凶和するに宜し
夢　住居を動くことあらん信心すべし

乾下 艮上 山天 大畜 （第二十六）

大畜利貞不家食吉利渉大川、

此卦、乾を下にし、艮を上にす、下卦の乾は健にして進まんと欲するも、上卦の艮は之を畜む、艮は乾を止めて能く之を養ふものなり、故に名づけて大畜と曰ふ。畜は止るなり。養ふなり。止むるものは貞靜を以て主とす、艮陽上に在りて、乾三陽の上進するを養畜す、而して健貞して過たず、故に利貞と云ふ、畜極まりて通ずれば、則ち當に君の祿を食みて、家に食せざるべし。故に不家食吉と云ふ、利渉大川とは、出でゝ天下の險を濟ふべきを謂ふ。艮を門闕と爲す、家の象、中爻兌を口と爲す、食の象、上九畜極まりて通ずれば、艮の家變じて坤の國と爲る、故に、家は食はずして國に食ふの象なり、又乾健を以て兌澤を渉り、中爻の震木、兌の前に在り、舟行きて前む大川を渉るの象なり。

【運氣】此卦に遇ふときは漸浸の中に吉あり、學問は必ず發達するの兆あり、住居安寧ならず、身心愛苦あり、且つ怒りを含み、恨みを懐くことあるべし。但時の至るを待ち、徐々に事を處すれば、必ず志を達することを得べし、總て靜かなるに利しく、性急なるに利しからず、短慮なるときは、君臣夫婦父兄等の間に爭論を生することあるべし、常に禮を厚くし惠を施すに利あり、艱難經驗を嘗めて事業亨通するの時とす

初 蠱　住居に付て心勞苦節あり

四 大有　常業を堅く守るべし後吉を得

二 賁　初め勞して後に功あり

五 小畜　初め凶きも後に宜しきを得

三 損　他の爲に餘義なき損失苦勞あるべし

上 泰　大に吉兆あり

物價

此卦は民の制止を以て乾の鋭進を止むる事是れ下剛強にて非度をなすを以り法制を出して之を止む君を以て民を制す上よて下を止む故に之を大畜と名く・相場に於ては乾天は進み上らんとするも民に止められ遂に上るの卦とす此卦高低の直巾は一或は六の數を以て標準とす

初爻變　人氣進み虚に高し
二爻變　保合多く少し高下あり何となく活氣に乏し
三爻變　人氣共に強氣なるも實体は遂に下るべし
四爻變　初め保合ふて後に高し
五爻變　保合て後下るも又上る事あり
上爻變

賣買

大に奮て物に着手するの時なり又利殖道を計るに最も宜しきを得べし賣買事は特に宜しく即ち利三倍の時なり初爻は不時を云ふて急に進まず賣買上は進むべからず、二爻は餘りに宜しからず何事も慎むべし、三爻は其初め苦心あるも追々宜しき方に向ふべし四爻は進退共に吉兆あり賣買共に宜しきを得べし、五爻は賣買上に意外の吉事あるべし特に相場事は一層の吉事あるべし、上爻は初めより少し困難あるも日を追て大ひに宜しきを得べし是れ進退共に大幸運を得べきなり

天時　雨ふりて久く晴れず
待人　來らず來るも遅し
出産　男を得れども凶

疾病　治し難し名醫を得て治す
移轉　吉
走人　得べし四爻變ずれば得難し

醫方　丑寅の間に求むべし
願望　急に成らず止むに宜し
婚姻　成れども後凶

勝負　大体は吉なるも上爻は特に吉
失物　尋ね難し久しくして後得べし
訴訟　和するに宜し

旅行　止むに宜し
盗賊　東北に居る四爻變ずれば捕へ難し
夢　目上の者に逢ふことあらん

震下 艮上 山雷頤 （第二十七）

頤貞吉觀頤自求口實

此卦・上卦は艮止にして、下卦は震動なり。全卦の象を見るときは、上九一陽の上腮の下腮に四五の二陰は上齒とし、初九一陽の下腮に二三の二陰の下齒あり、上腮は頭面に着きて止まり、下腮は動きて物を食む是れ口の用なり。故に名づけて頤と曰ふ、頤はおとがひなり、又養ふの義と爲す、口實とは口中に在るもの即ち食ふ所のものを謂ふ、此卦二より五に至るを坤とす、坤地の上、人の食ふ所のもの皆存す、其食ふべきの物を求ることを觀れば、其人貪廉の情を分つべし、蓋し養ふ所の正と不正を見て、吉凶を斷すべし、頤の吉凶、巳れより之を求めざるものなし、之を頤貞吉、觀レ頤ヲ自求二口實一と謂ふなり

【運氣】　此卦に遇ふときは、口に關するの卦なれば、口は言語を出す所又飲食を納るゝ所にして、言語一たび出づれば、復之を納るべからず、飲食一たび入れば、復之を出すべからず、人の過失は言語と飲食とに生ずること多ければ、此二つのものを節して動止其道を得んことを要す、而して衣服は形を養ふ所以にして、威儀禮貌は德を養ふ所以なり、是れ巳れが身を養ふの道推して物に及ぼすは人を養ふ所以とす

初　剝
間違障り有り
物事調へ難し

二　損
親しき人の力にて失氣㑬あり

三　賁
中ば吉なるも大望は時を待つべし

四　噬嗑
物事急に達し難し
時を待つべし

五　益
書物印形等に付心配あり

上　復
貞實に身を守る時は後に吉を得る

物價

此卦は全體より見れば内實外虛にして口を開きたる畫象なり故に頤と名く、相場に於ては震雷は上り、艮山は止む又兩震向き合ふの象にて上らんと欲すれど艮山に止られ上らず下らんとするも下る事能はず多くは保合ふの時とす此卦高低直巾節止り數は五或は十の數を標準とす

初爻變　小高下にして安き方なり
二爻變　大に下る場面改まる事あり
三爻變　景氣強きも人造的相場にして高し
四爻變　人氣と共に強し次第に高きに至るべし
五爻變　人氣は強氣なるも實体は却て安し
上爻變　一旦高きに至るも後に下る事あるべし

賣買

其初めには苦勞あるも後に次第に宜しきを得べし此卦に遇ふ時は總て利益を計る時に最も其當を得たる時にして此時に際し注意して進む時は意外なる幸福を得べし、初爻は凶し萬事に愼まざれば損害あり、二爻は凶し自己の意見を用ひて爲す事は特に愼むべし、三爻は勞し效なし何事も注意せざれば災害あり愼むべし、四爻は大概は吉なるも妄りに進む時は凶し爲す事は目上の賢者に從ふて進むべし、五爻は常業を守るに吉にして他に手出しは愼むべし、上爻は注意すれば進むに吉なり

天時　晴れんとして復曇る
待人　來り難し
出産　夏秋は女を得母に疾あり

疾病　治し難し
移轉　止むに宜し
走人　久しからずして得べし

醫方　東か北を吉とす
願望　急に成り難し
婚姻　凶

勝負　凶し
失物　後に自ら出づべし
訴訟　勝利を得ず

旅行　西方に宜し速なるべし
盗賊　東北に在り捕へ得べし
夢　病か損失あらん信心すべし

䷛ 巽下 兌上 **澤風大過** （第二十八）

大過、棟撓、利レ有レ攸往、亨、

此卦巽を下にし、兌を上にし、四陽中に積みて、陽の大なるに過ぎたり、又巽の木を以て兌の澤中に入る、水は本と木を養ふものと雖も、木、水中に入れば、其養ひ大なるに過ぎ、却つて木を害するものとす、洪水の象なり。又兌の少女上に居り、巽の長女下に居る、之れ少女を以て見れば凌ぐに過ぎ、長女を以て見れば讓るに過ぐ、皆大過の象、故に名づけて大過と曰ふ。其の棟撓むと云ふのは、四陽中に在りて、二陰上下に在るは、一家の棟の象木を負ふ形あれば其義を示す、而して四陽は木の強きに象れり上下皆陰なるを以て、其力の分限に過ぐる如く、上釣ること能はず、下載すること能はず、四陽其重きに勝へずして撓むべきを謂ふ。則ち過ぎて過ごさず、亨るべきの道あり、苟も其大勢を忽せにして、往く攸に迷へば、外に棟を支ふるものなく、棟折れて顛るゝに至り、何の亨ることか之あらん、故に利レ有レ攸往、亨と云ふなり。

【運氣】
此卦全卦を以て觀るときは、大坎の象にして、即ち洪水汎濫するの義あり、故に此卦を得るときは、水中に陷るが如く、身心安からず、且自由を得ずして、困難することあるべく、又強ひて我意を行ひ、大に後悔することあるの時なれば、能く注意して過失なからんことを務むべきなり。背中合せの象あれば、雙方破れ分る意あり、心身定らず分に過ぎたる望みあり

初爻　大凶物事深く愼むべし

四井　不義不正なる人は病損の患難あり

二爻　靜かに時を待つに宜しく女難注意

五大壯　口舌爭論を愼むべきなり

三困　九死に一生の難事あり愼むべし

上姤　住居を動くか女の爲に損害あり

物價

此卦全体に於ては四陽内に二陰外に在り之れ内は主にして外は客なり是れ陽は強く陰は弱し今や主の強きもの客の弱きものに過ぎる故に大過と名く、相塲に於ては安き卦也格別の高きはなく免澤も安し巽風も下押しの象、此卦高低直巾止り節等は五或は十の數を以て標準す

初爻變　逆に高き事あるも永續せず
二爻變　高下共に小相塲にして下る安き方なり
三爻變　保合多し人氣共に弱し急落は底を打つ也
四爻變　安く保合ふ事あるも遂に又上るべし
五爻變　保合ふ事ある高下なし
上爻變　強氣強硬なるも遂に下るべし

天時　久しく雨ふる
疾病　重けれども即病は治すべし
醫方　東の方宜し
勝負　凶し
旅行　吉但し途中に驚きあり

待人　來らす來るも遅し
移轉　他人と同居するに宜し
願望　成り難し
失物　出で難し
盗賊　西方に在り捕へ得べし

出産　女を得べし難みあり
走人　得難し
婚姻　利あらず年齢應せざるべし
訴訟　内に妨ぐるものあり和するに宜し
夢　俄に驚くことあり信心すべし

賣買

上りつめた象なれば萬事此上の發展は六ヶ敷時なり進退共に注意せざれば勞して効なき事あり愼むべし、初爻は何事も控へ目にして然らざれば損害を招く事あり愼むべし、二爻は諸事進むに吉且つ目上の意見に從つて進むに吉、三爻は凶し愼まざれば勞して効なく無理に行ふ時は損害を招く事あり愼むべし、四爻は大概吉なるも妄りに進む時は仕損じる事あり愼むべし、五爻は大變に宜しき時は進退共に吉兆を得るべし、上爻は凶し物事進み過ぎる意あり愼むべきなり

坎下 坎上 坎爲水 （第二十九）

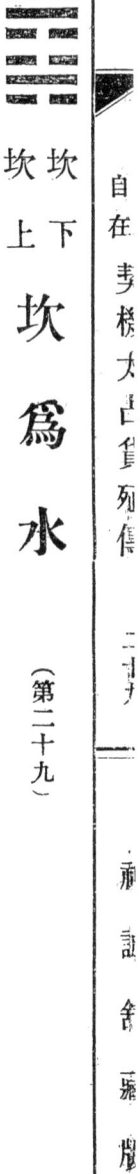

習坎、有孚、維心亨、行有尚、

此卦重坎の卦にして、亦坎と名づく、坎の性は水なり。其象たる、一陽二陰の間に陷る、陷るものは必ず険あり、故に又険と爲す。此卦坎の重なるを以て、水泙りに至るの象にして、進むときは固より険、退くも亦険、困みの上に困みを加ふるの象とす。習坎と曰ふは、習を重ぬるの義なり。重卦の序、坎の卦、六子の先に在り、故に習の字を加へて、以て後の例を起す。離震艮巽兌、皆當に重習を以て義を起すべく、他の卦と同じからざることを示す、但乾の卦、首に在れども、乾に習の字を加へざるものは乾坤二卦は、唯一爻にして、習の義、爻に在りて、重卦に在らざればなり、孚は信なり。二五陽實にして在るは孚の象、維は繫なり。中の剛を心と爲し、重卦に居らざればなり。人、安樂に在るは孚の象、維は繫なり。中の剛を心と爲し、二柔外に絡ふは、心を繫ぐの象、亨は通なり。二五陽實にして、亨は通なり。八卦の中、惟坎を憂患の卦と爲す。人、安樂に居れば、則ち心渙散し、憂患に居れば則ち心沈凝す。

【運氣】 此卦に遇ふときは、住居安からず、憂患多く、又は病難盗難等、非常の災難に遇ふの卦と爲し、心泰に、神旺し、險中に在るも、一往直前して險を脱し、必ず功を奏すべし。然れども人能く孚信あるときは、忠信以て波濤を渉るべく、心泰に、神旺し、險中に在るも、一往直前

此卦は、同じく困難に處して、各吉凶あり

初 節	婦人の爲に損失あり愼むべきなり	四 困	貞正にして時を待つ時は後に宜し
二 比	老人か目上の人に從ふに宜し	五 師	住居の心配あり又他人と口舌あり
三 井 大凶		上 渙	損失あれども靜かなるに宜し

物價

此卦は一陽二陰の間に陷へる坎を水に象どる今坎を重ぬるは大河大海の象あり故に坎と名く、相塲に於ては下落するの卦なり然れども漸次上進の時は下る事あり又下落續く時は底を打つて上る事あり活斷を要すべし此卦高底の直巾節止り直數は二或は七の數を以て標準とす

初爻變　保合小相塲なれども後少しく上るべし
二爻變　初め強氣保合も遂に下る
三爻變　下るべし小高下にして動きなし
四爻變　景氣惡しきも少しく高調に進む
五爻變　急落の步調あるも後に上るべし
上爻變　高下保合ふも後に強く少しく上るべし

賣買

進退共に宜しからず注意せざれば勞して效なし兎角間違ひを生じ易き事あり又物に取りしまりなき象にして萬事愼むべし、初爻は進退共に凶し愼むべし、二爻は少しく宜き方なるも充分に非ず爲す事は目上に從つて行ふを要す、三爻は凶し愼まざれば災害あり注意せらるべし、四爻は少しく宜しきも注意して行ふべし、五爻は吉なり進退共に上手に行ふ時は十中八九は成就す、上爻は凶し進退共に注意せざれば災害あり此卦は特に物事愼むべきなり或は他人と口論等は特に愼むべし

天時	久しく雨ふりて晴れず
疾病	治し難し注意すべし
醫方	西北の方に求むべし
勝負	凶し愼むべし
旅行	凶し
待人	遠きは音信あり近きは來らず
移轉	凶
願望	急に成り難し
失物	急に尋ぬるに宜し遲ければ得難し
盜賊	捕へ難し
出産	男を得産後驚きあり
走人	出で難し
婚姻	止むに宜し
訴訟	吉
夢	舟川を必ず愼むべし

離爲火 （第三十）

離下
離上

離 利貞、畜=牝牛=吉、

此卦重離の卦にして、亦離と名づく、卦の象たる、一陰二陽に麗く、離は麗くなり。離の性は火なり、火のものたる、氣ありて形なく、物に著きて其形を顯はす。故に文明の意あり、又美麗の意あり。此卦二離相重なり、明にして又明、然れども必ず正しきに利くして亨る、察々を以て明とせざるなり畜二牝牛吉とは、牛は順物にして、牝牛は順の至り、其柔順の徳を養ふは、炎上の燥性を消する所以、故に吉なり。此皆下卦六二の一爻を主として言ふ。下卦三畫皆位を得、六二尤も正しく中なるもの坤を牛と爲し、離の中畫は、即ち坤の中畫を以て、乾の上下畫に麗くは、牛の牢中に養はるゝの象、六二陰を以て陰に居る、故に牝牛と爲すなり。

【運氣】此卦に遇ふときは、淳直にして人に從ふに宜し、又怜悧にして文才ありと雖も心志定らずして、物に移り易く、人と親和せず、損失等あるの時なれば、注意を要するなり。都て舊常を守りて安靜なるに宜し、性急なるときは半途にして事を破るの恐れあり、弱きもの強くなりたる意あり、奢侈を愼み質素を思ふ時とす

初 旅
事の靜かなるに宜し性急は破れ易し

二 大有
貞正なれば吉なるも不貞なれば凶し

三 噬嗑
舊業を守りて靜かなるに宜しく

四 賁
表面心勞あるも氣運強し遂に達すべし

五 同人
親し人に喜び事あるべし吉

上 豐
病氣散財に注意せらるべし

物價

此卦は重離にして明かなるを重ねて福び多き意あり故に離と名く。相場に於ては上る卦也然れども上進し或は急騰の時は下るべし。若し急落の時は上ると知るべし。大に上下活動あるも永續せず活動に注意すべし此卦の高低共に止り節直巾等は四或は九の數を以て標準とす

初爻變 高し
二爻變 高し然れども高く續く時は後に下るべし
三爻變 安くして動き難きも遂に高し
四爻變 人氣進み相塲高く往來あるべし
五爻變 急騰あるも後動き難き保合ふべし
上爻變 高く保合ふて後に安含み乱高下あるべし
　　　　不時に上る事あるも後に又下るべし

賣買

事業は旺盛に赴き爲す事は總て意の如くなる好機である賣買共に利あるべし

初爻は賣買共に吉なるも八分位に止まりて充分にせざる事を注意すべし。二爻は吉進退共に利あるべし。三爻は凶し何事も注意せざれば損失あり愼むべし。四爻は宜しからず進退共に注意すべし此爻は特に注意すべきは他人の忠言に耳を傾けず自から盡力して目的を遂げるの時なり。五爻中ば吉なるも目な上の人に従ひて事に當る時は大概叶ふべし上爻は初めは吉なる様なるも後に破るゝ注意愼むべし

天時	待人	出産
春は曇る夏秋は雨ふる	來らず	難みあり或は變化あり

疾病	移轉	走人
初爻の變は凶其他は治す	凶盗難又は火災の恐れあり	尋ね難し

醫方	願望	婚姻
南の方宜し二度目の醫が宜し	成り難し	成り難し成るも凶

勝負 半吉	失物	訴訟
	出づべし	和するに宜し初三上の變は凶

旅行	盗賊	夢
財利を望むは凶又西北を忌む	捕へ得べし	親しき人に離るゝか住所に驚きあり

兌上　澤山咸　（第三十一）
艮下

咸亨利貞、取女吉、

此卦下經の始めに居る、上經は三十卦、乾坤を首とするものは、天地は萬化の原なればなり。下經は三十四卦、咸恆を首とするものは、夫婦は五倫の首なればなり。天地分たざれば、兩儀を成さず、男女合はざれば生育を成さず。故に乾坤は二老を以て對し、咸恆は少男少女と、長男長女とを以て交る。咸は交感なり、物と物と相對し、其心念動きて合一なるを謂ふ。凡そ天地の間、皆な感あらざるものなしと雖も、其中に就き、男女の情慾を以て甚だしと爲し、又男女の中に於けるも、少男少女を以て殊に感ずるの甚だしきものとす。此卦兌を上にし、艮を下にし、艮の少男を以て兌の少女に下り、相感ずるの象あり。故に名づけて咸と曰ふ。

【運氣】此卦に遇ふものは、山澤氣を通ずるの象なれば、相談事依賴事速に調ふ時とす。亦福を神に祈りて感應ある時とす、意外の吉事ありて、願望等皆な、他人より懇切に處理せられ、志を遂ぐるの時とす。但色情に難みあり、又遠國に行くものは、往きて返らざるの意あり。卦の象を夫婦に取る、夫婦の道悅びて止まざれば、未だ淫に流ることを免れず、止まりて悅ばされば、或は其歡びを失ふに至る樂みて淫せざるは、婦道の利貞を重んずる所以なり。

初草　貞正なれば次第に吉兆あるべし

四蹇　舊きを守りて散財を防ぐべし

二大過　物の間違ひより大に損失あり愼むべし

五小畜　住家を離れる事あり進退に宜しく

三萃　俄かに爭ひの起る事あり注意せよ

上遯　其恆を守りて動く勿れ愼むべきなり

物價

此卦は發澤上に在り艮山下に在り山は陽にして澤は陰なり陽は陰に感じ陰は陽に應ず山氣の下降するは山澤交感して二氣相通し故に感と名く。相塲に於ては上り高き樣なるも人氣弱く安きに至らん此卦高低共に止り節直巾にて於ては三或いは八の數を以て標準とす

初爻變　相塲の改する高き事あるべし
二爻變　動き往來ありて強からず保合ふ事多し
三爻變　人氣と共に高き実体なるも實体は安し
四爻變　下る歩調となるも保合多かるべし
五爻變　高き事あるも急に又下るべし
上爻變　其初めは高きも後に下る

賣買

善惡共に相感じ如何に依りて惡となるか善となるか其感應の早き時なり善事を行ふ時は尚ほ一層の名譽を擧ぐるとなる。初爻は大概宜しきも餘り急進に進む事は宜しからず何事も注意して進むに吉とす。二爻は凶し常業を堅く守るべし愼むべし。三爻は凶し妄りに進む時は損失あり愼むべきなり。四爻は吉進退共に吉兆を得るべし。五爻は吉なるも急速に進むは宜しからず愼むべし。上爻は大に吉なり進退共に宜しきを得べし賣買其他何事も進んで利あるべし

項目	判斷	項目	判斷	項目	判斷
天時	雨ふれども久しからずして晴る	待人	來る	出產	三四の爻動けば凶
疾病	初上の變は醫を改むるに宜し	移轉	吉	走人	尋ね難し婦人の縁を尋ぬべし
醫方	西の方又は丑寅の間にて求むべし	願望	人に依頼して成るべし	婚姻	吉初爻五爻の變は再緣あらん
勝負	宜しからず	失物	尋ね得べし	訴訟	和睦に宜し
旅行	二四上の變は止むに宜し	盜賊	捕へ難し	夢	身の上に幸福あるべし

巽下
震上 雷風恒 （第三十二）

恒、亨、无咎、利貞、利有攸往、

此卦震の長男上に在り、巽の長女下に在り、男は外に在りて動き、女は内を守りて從ひ、夫婦各其宜きを得て、恒久易らざるの道なり。故に名づけて恒と曰ふ。恒の字、心に從ひ、亙に從ず、又久きの義と為す。凡そ事恒ありて乱れざれば、亨通して咎なかるべし。故に恒亨无咎と云ふ、然れども其利固く貞を守るに在り。否れば其咎なきを保たず。故に利貞と云ふ且恒久の道は、君臣父子夫婦兄弟朋友の倫理にして、人の離るべからざるものなれば、此道に田るときは、何くに往ち、何れの事を行ふも宜しからざることなし。故に利有攸往と云ふなり。

〔運氣〕此卦雷は動きて上に在り、風は入りて下に在り、雷風の二物至動至變にして常なきが如しと雖も、之を窮むるに、雷の聲を發する、其候に爽はず。風の物を噓する、各其時に應ず、萬古此くの如く、未だ甞て失ふことあらず。是れ常久の定理なり。故に此卦を得るときは、諸事久しきに涉るの時にして、速かなるに利しからず。序に循ひて漸々に進み、功を成し志を遂ぐべきなり、又雷と風とは、聲ありて形なく、日を終へざるの象あれば、或は其事物に由り、形跡もなく消亡するの意あり、又震巽共に木なれば、次第に繁榮するの意あり、故に此象義に體し、萬變に應じて之に處すべし。

初 大壯 不正短氣なれば凶し住所の心勞あり

四 升 舊きを守つて働かざれば次第に吉

二 小畜 親しき人の爲めに散財する注意すべし

五 大壯 動くべからず舊業を守るべし

三 解 貞正和順なる時は身上に幸ひ事ある

上 鼎 親實貞正なる時は大に幸ひ事あるべし

物價

此卦は震雷上に在り巽風下に在り雷は陽の動くなり風は陰氣の動くなり二氣相動すべきは天地萬物成長致すなり故に恒と名く運動すべきは天地萬物成長致すなり故に恒と名く相場に於ては震雷は上る巽風は下る上下共に引離れる卦にして即ち今の直が中心となりて上下するなり各爻變に依て活斷せらるべし

初爻變　初めは保合ふも急騰あるべし根強し
二爻變　保合て少しく上るべし
三爻變　強氣に見へて後に下る
四爻變　高し秋は風雨の變ありて上るべし
五爻變　高き樣なるも實体は安すき方なり
上爻變　強き不時を云つて上り相場昇進あり

天時	晴る夏秋は雷雨あり	待人	來れども遅し	出産	男を得母に難みあり
疾病	急に治せず	移轉	二五の變あらば止むべし	走人	急に尋ぬる時は得難し徐なるに宜し
醫方	北か未申の間に求むべし	願望	成り難し	婚姻	速に成り難し再縁は調ふ
勝負	大底は凶きも上爻は吉	失物	西南に在り二三五の變は出でがたし	訴訟	害なし西南に害を加ふるものあり
旅行	間道を行くに宜し	盗賊	三日の後得ざれば急に捕へ難し	夢	仕官するか妻を定むることあるべし

賣買

大体は宜しきも從來の手なれた仕事を堅く守りて他に餘りに手出さざれば吉とす、進退共に注意愼むべきなり、初爻は凶なり物事貞正を守らざれば勞して効なし愼むべきなり、二爻は凶し宜しからず何事も愼まざれば勞して効なし、三爻は充分ならず餘りに急速の事は宜しからず何事も賢者の意見に從つて行ふを吉とす、四爻は其初めは急ならざるも忍耐せば遂に我が思ふ樣になります、五爻は貞正を守らざれば勞して後に不結果を見るべし上爻は凶し進退共に注意せざれば損失を招くべし

艮下 乾上 **天山遯** （第三十三）

遯亨、小利貞、

此卦上卦を天とし、下卦を山とす、山は下に在り止まりて動かず。天は上に在り、上りて息まず、山將に天に逼らんとするも、天は高く遯れて、山之に近づく可らず。又二陰下に居り、四陽上に在り、陰の小人進みて將に陽の君子を侵さんとするも、君子高く遯れ去るの象。故に名づけて遯と曰ふ。此卦陰長するの時なれば、小人方に進み、君子の道は消す、君子若し隱遯せざれば、必ず小人の害を受く、是を以て遯れて亨るなり。遯の亨るは、徒に世を避くるの謂ひに非ず、善く其用を藏して露はさゞるなり。故に遯亨と云ふ、小利ㇾ貞とは、二陰を主として言ふ。凡そ陰に小と稱す、正くして君子を害せざるに利しきを謂ふなり

【運氣】此卦に遇ふときは、早く其養運に屬することを悟りて、退隱するに利し、都て退くに利しくして進むに利しからず、止に宜しくして始むるに宜しからず。又家道衰微して、貨財減損するの意あり然れども前に凶にして後に吉なるの卦なれば、困難の極に當りて、此卦を得れば、難み解くるの兆とす。蓋し小人漸く勢を得、君子幾を見て退き、身を保つの時なれば、戀々として退かざれば、必ず禍を受くるに至るべし。遯れて亨ると雖も道は則ち亨る事を謂ふなり

初 同
妄りに動かざれば
貴人の助けあり

四 漸
貞正和順なこば
家事に喜びあり

二 姤
不貞なれば女難あり又
は業務の損失を注意

五 旅
信心賢固ならざ
れば心勞多し

三 否
舊業を守りて妄に
他に動くべからず

上 咸
目上の意見に從ふ
べし自意は注意せよ

物價　此卦は艮を下にして乾を上にす艮は山
なり乾は天なり是れ陰の次第に進みて
陽の漸くに退き乾れんとす故に遯と名く、相場に
於ては高き卦也退き山止まり動かず乾天は上り進ん
で下らず即ち上るも急ならず然れども下落せず此
卦高低共に止り節直巾は三或は八の數を標準也
初爻變　初め保合の象なるも次第に上進すべし
二爻變　初め下りて後に上る
三爻變　保合ふて動く事少なし
四爻變　次第に上るべし然れども急上りなし
五爻變　安き方なり一旦上るも又下る事あるべし
上爻變　高下共に小相場にて保合多し

賣買　餘り宜しからず進退共に注意せらるべし、初爻
は遯れて尾を露はす眞に遯るゝものに非ず、二爻
は遯るゝことを欲せずして之を止めんとするもの
なり、三爻は遯るゝものとして係る所あり將に遯れん
として未だ決せざるものなり、四爻は好む所に阿
らず超然として遠く遯るを得るものなり、五爻は貞を
以て自ら守り遯れて吉を得るものなり、上爻は遯
れて俗を離るゝものなり然れども易固より一を執
りて論ず可らず要は其時を識るに在るのみ

天時	雨ふる初四　五の變は晴
待人	來らず初四　五變は來る
出産	障り　あり
疾病	初四五の變は長　けれども治す
移轉	吉三爻の變は止るべし
走人	尋ね難し
醫方	戌亥の間か南の方を宜しとす
願望	自己の意見を去り　他に從ふに宜し
婚姻	成らず成るも凶
勝負	凶し
失物	得難し
訴訟	和するに宜し
旅行	止むに宜し
盜賊	急に得難し
夢	不信心なれば目下の者か住所に付て心配あり

乾下 震上 雷天大壯 （第三十四）

大壯利貞、

此卦震陽乾天の上に在り、雷、天上に奮ふ。其勢壯盛なり。又陽を大とし、剛を壯とす。今四陽下に在り、二陰上に在り。▦長じて四に至り、氣昇りて方に動く、人の血氣方に壯なるが如し。故に之を大壯と謂ふ。利貞とは、大壯の道貞正に利しきを謂ふなり、而して元亨の二字を係けざるものは、凡そ天下の物未だ壯ならざるときは、是れより亨通するの道あれども、今此卦己に壯に至りたれば、復何ぞ元に亨ることを用ひん、故に元亨の二字を係けず、唯利貞を以て之を戒むるなり。而して此卦の大象を震とす、即ち大雷の如し。夫の隨復豫の三卦も皆震體を得、故に同く雷の象を取る、隨は雷澤中に入り、陽勢漸く收る、是れを秋雷と謂ふ。復は雷地中に入る、陽勢己に微なり、是れを冬雷と謂ふ。豫は雷地を出で、奮ふ、是れを春雷と謂ふなり。

【運氣】此卦に遇ふときは、強猛に過ぎ過失を生じ、又は勢力ある人の爲めに辛苦することあるの時とす、蓋し臣を以て君を犯し、子を以て父を凌ぎ、血氣に過ぎて人を慢どり他を罔ふる意あれば、妄りに進みて過つことなかるべし。夫れ人剛に乘じて動き、邁往直前するものの剛に過ぐれば則ち折れ勇に過ぐれば則ち蹶く、事を敗るの咎、此大壯の中に在り戒ざるべからざるなり。此卦象皆恐懼を言ふ

初恒　舊常を守る時は後日次第に宜しく

四泰　幸運に至る又親しき人の助けある

二豐　貞正にして愼まざれば損失あり

五夬　萬事に愼まざれば勞して功なし

三歸妹　物の間違から爭論ある注意

上大有　貞正にして目上の人の引立あるべし

物價

此卦四陽を以て二陰に對す陽は強く陰は弱し今強大なるもの弱小なるものに倍して勢力盛になり故に大壯と名く、相場に於ては急に高き也連騰の時も尚一層の高値を示す事あり又低落安保合の時には特に急騰あり活斷すべし此卦高低共に止り節直巾等は一或は六の數を標準

- 初爻變　動きありて止り少し高き象あり
- 二爻變　一旦上進するも間もなく後に下るべし
- 三爻變　高下往來在りて定め難し不時を云て上る
- 四爻變　平氣保合なり少しく上るも後に又下る
- 五爻變　相場片寄り上るも急に又下る注意すべし
- 上爻變　人氣と共に景氣宜しきも遂に下るべし

賣買

進退共に吉兆を得るべし此卦に當る時は人氣に乘ずる勿れ人氣の裏を取つて向ふべし各爻に依て決すべし、初爻は一往直前して退くことを知らず是を以て凶、二爻は中を得るを以て其正を失はず故に吉、三爻は乾の終りに居り其の壯を恃みて危からんとするものなり、四爻は乾を出でゝ震に入り大壯の主と爲り陽を以て陰に居り動くこと道に違はず故に吉を得て悔亡ぶ、五爻は震の中に居り柔にして中を得其壯を用ひず故に悔なきものなり、上爻は震の極に居り進退維れ谷まり艱めば則ち吉なるものなり

天時　春冬は晴夏秋は雨	待人　三四の變は來らず	出產　男を得るに難みあり
疾病　長くして治せず	移轉　三五の變は止むに宜し	走人　尋ね難し
醫方　北の方宜し南は大凶	願望　成るが如くにして成らず	婚姻　凶
勝負　吉なるも上爻は特に吉	失物　速かに尋ねれば得難し	訴訟　驚さあるべし和するに宜し
旅行　止むに宜し	盜賊　尋ぬるときは害あり	夢　驚動の事あらん愼むべし

坤下 離上 火地晉 （第三十五）

晋康侯用錫馬蕃庶晝日三接、

此卦離を上にし、坤を下にす。大明地上に出づるの象。坤は臣の象、離日は君の象、下卦の坤進みて離の日を瞻る、諸侯天子に朝するの象あり、離日進みて天中に麗き、下坤土を照す。天子諸侯に接するの象あり、即ち文明の象、上に在りて四海を統治す天子に朝し、天子之を優待して、賜ふに馬匹を以てし、其優遇の厚きこと、一日の間三たび接見せらるゝことを言ふ。馬は柔順にして、重きを載せ遠きに致すの能あり、諸侯天子の命を奉じ、遠きに行き國を治むるに比す、故に康侯用錫ㇾ馬蕃庶、晝日三接と謂ふ此卦晋と名づくるものは、晋は進むなり、明進みて上るなり。其進と日はざるものは、特に進むのみに非ず、必ず明を以て進めばなり。

【運氣】

此卦は暗を出でゝ明に進み、苦を去りて樂に趨くの卦なれば、此卦を得るときは、旭日の昇るが如く、氣運旺盛にして、百事意の如く、聲明四方に闊達するの時とす。之を一家に見れば、父は上に在りて明かに察し、義方ありて愛に溺るゝことなく、子は下に在りて順從し、孝敬ありて忤逆することなし、此れに由りて家を齊ふれば、一家和睦し、門庭歡樂の休を來すべし、故に文明の智者に從ひ幸福あるべく新進するの兆あり、晋と大有の二卦に如くはなきなり。

初噬嗑
物に進み過ぎて後に損失あり愼むべし

四剝
住家に變動ある事あり注意すべし

二未濟
貞正なれば身上に幸ひあるべし

五遯
事の靜かなるに宜しく性急は凶し

三旅
始め宜しきも後に苦情あり注意せよ

上豫
他人と契約事に注意せらるべし

物価

此卦は離日坤地の上に在り是れ日の地
下より進み昇る故に晋と名く相場に於
ては日の地上に進み昇るの象にして大に上る
とす即ち保合ふ時は是より上る又強含みの時と雖
も漸次高調に至るべし、此卦高低共に止り節及直
巾等は三或は八の數を以て標準とす

初爻變　人氣進み俄かに高くなる強氣保合ふべし
二爻變　下るべし一旦高くも後に下る
三爻變　保合多く動き少なし遂に安きに至るべし
四爻變　下るべし一旦強氣は又下落す
五爻變　人氣強く見て動かず遂に安し
上爻變　不時云つて強く高きも長く續かず

天時	雨中に得れば晴		待人	來るべし
疾病	凶		移轉	止むに宜し
醫方	南か戌亥の間にむむべし		願望	成るべし
勝負	凶し		失物	得難し
旅行	二人にて東南に行くに宜し		盗賊	東南に就きて得べし
			出産	吉
			走人	尋ね難し
			婚姻	戌る初三五の變は後破る
			訴訟	久くして勝利を得べし
			夢	天象か立身の夢ならん病人は死す

賣買

進むに宜しく進退共に利あるべし各爻を進
歩の初めと爲し人或は我れを信ぜざるも獨り其正
を行ひ寛裕にして之に處するものなり、二爻は初
爻より進むこと一等中正を得るを以て憂愁を懷く
と雖も吉にして福を受くなり、三爻は又之よりも
進み衆心允に服し悔亡ぶるものなり内卦三爻皆坤
の順を得故に吉、四爻は外卦の始めに當り出
でゝ離に入り首鼠兩端にして一前一却の象あり故
に往けば吉にして利しからざることなし、上爻は
晋の極に居り進みて順ならず必ず咎を致す注意

䷣ 離下 坤上 地火明夷 （第三十六）

明夷利艱貞、

此卦晉に反し、離の日・坤地の下に入る、暗夜の象、又火地中に入れば、火は土の爲めに掩はれ、火の光り明を生ずること能はず、其明を傷るものあるが如し、故に名づけて明夷と曰ふ。夷れ明已に傷れば、則ち昏暗にして、君子は小人に傷られ、賢臣は暗君に傷らるゝの時なり。夷は傷なり。故に時の艱難なることを知り、自ら其明を晦まし、其光りを匿し、退きて之を避くべし。故に艱貞に利しと云ふ。大象にも用ヽ晦而明とありて、徒らに察々せざるのみならず、智を屏け、聽を黜け、其光りを韜みて露はさず、其美を蘊みて自ら全くすべきを謂ふなり。

（運氣） 此卦に遇ふときは、身心苦勞あり、或は不慮の災難を受け、困難するの時とす、然れども始め困み後に達するの卦なれば、固く貞正の道を守り、此卦象に法とりて、己れの才智を晦まし、柔順にして暫く時の至るを待つべきなり、抑此卦、人に在りては、家門衰微し、凶災あるに至るの時にして、卦の象たる、坤の母上に在り、離の子下に在り、子の才德明かなりと雖も、母に得ず、子明かならざれば猶可なり。明かなれば則ち禍に遭ふこと尤も烈し、之を諸事に推すに、人と事を共にすれば、主任の昏愚なるに遇ひ、君の爲に事に從へば、長官の柔闇に遇ひ、才ありて忌まれ、以て身を保つに在るなり。

初 謙 舊業を守つて動く時は後吉事あるべし

二 泰 物事一段破れて後に達すべし

三 復 進退共に愼む時は後に目上の引立あり

四 豐 不貞の仕事は後に凶事現はれ

五 未濟 横合より物の障りあるも後に吉

上 賁 物事進まざれば損失あり

物價

此卦は離日坤地の上に在り今來りて明夷となる離日坤地の下に入る即ち暗し

是れ明なるも傷き毀るるなり故に明夷と名く相場に於ては火地晋と成りて上らんとするも日の地中に入る象あるを以て大に安く運騰も保合て下るべし

此卦高低直市節止等は二或は七の數を以て標準す

初爻變　保合にして動きなし
二爻變　人氣進めども相場は保合にて高からず
三爻變　動き往來ありて高からず保合事多し
四爻變　小往來あり始めは安氣配なるも遂に上る
五爻變　氣配高くも下る事多し
上爻變　少しく強氣に見るも遂に弱し

天時	雨ふる初上の變は曇
疾病	危し初上の變は治すべし
醫方	北の方宜し
勝負	凶し
旅行	凶止むに宜し

待人	來らず
移轉	止むに宜し
願望	急に成り難し
失物	得難し
盗賊	久くして捕へ得べし

出産	母に驚きあり
走人	尋ね難し
婚姻	成れども口舌あり
訴訟	凶禁獄の患あり
夢	不信心なれば思はぬ損失あるべし

賣買

餘りに宜しからず進退共に注意せざれば勞して功のなき事あり慎むべし各爻に依て進退を決すべし初爻を明夷の初めと爲し機を見て早く去り潛藏するを以て貞と爲すものなり、二爻は文明中正にして離の主と爲し坤の下を承け上を匡救するを以て貞と爲し常道を守るものなり、九三は明極まりて暗を生ずるの爻に當り、上爻と相應じ、變に通し權に達し天に順ひて事を處するものなり、四爻は暗を棄て、明に投じ機を見て作り身を潔くして去るものなり、五爻は坤陰の中に居り不幸にして暗君に逢ひ一身を以て社稷の重きに任じ能く貞正を守るものなり、上爻は明夷の終り暗昧にして亡ぶるものなり之を總ぶるに此卦上爻を以て卦主と爲し

離下
巽上

風火家人 （第三十七）

家人、利二女貞一、

此卦巽の長女上に居り、離の中女下に居り、長女は正を得て上に位し、中女は中正を得て下に位す、婦女序ありて正く、家道能く齊ふの象。又九五の一陽、夫の位に在りて中正を得、六二の陰妻の位に在りて亦中正を得、夫婦各中正を得て、家を治むれば家道の齊へること知るべし、故に名づけて家人と曰ふ家人は女を以て奥の主と爲す、故に利二女貞一と云ひ、全卦を以て言へば、九五の夫は外事を務めて外に在り、六二の妻は内事を治めて内に居る、亦家道の大綱と謂ふべし

【運氣】此卦に遇ふときは、家内安寧なるべきが如しと雖も、當世此の家人の義を守るもの少きを以て、此卦を得るもの、大抵家内治まらず、爭論口舌ありて、憂苦絕へざるものなり、又壯年の人に在りては、色情の難みありとす故に此卦象辭炙辭言ふ所、皆家を治むるの要道にして、人事盡く是に在り、大抵家内の事、女之を主どる、然るに古來女子の賢最も得難し、女の性陰なれば、流れて險狠と爲り、柔なれば、或は偏私に溺る、閏門の治らざる、皆家敎の嚴ならざるに由る、此卦離火酷烈、故に家敎嚴を以て主と爲す、巽風柔和、故に婦道順を以て正と爲す

初 漸
貞正約順なれば
後に喜び事ある

二 小畜
目下約事に付に付て
心勞あり愼むべし

三 益
萬事に進むに吉
利益あるべし

四 同人
舊産を守る事は追
て家事喜びあり

五 賁
業務の廣張を
計るに宜しく

六 既濟
口舌爭論ある
愼むべきなり

物價

此卦は巽の長男上に居り離の少女下に在り婦女序ありて正しく家道齊ふの象にあり故に家人と名く相塲に於ては次第に進み高き卦也、然れども一陰一陽相交るの卦にして多くは保合にて動き少なし此卦高低共に上り節及び直巾等は五或は十の數を以て標準とす

初爻變　始めは保合ふも次第に上るべし
二爻變　人氣と共に強氣ありて急上りなし
三爻變　少高下往來ありて動く事少なし
四爻變　高き樣なるも急上なり保合て強し
五爻變　安氣配なり多くは下るべし
上爻變　人氣共に高き樣子あるも必ず後に下る

賣買

大概宜しきを得べし宜ほ各爻に依て決すべし、初爻は女尚幼なし先づ其禮讓を守り邪惡を防ぐべし、二爻は則ち稍よ長ず、當に課するに中饋の事を以てすべし、三爻は則ち長成す故に戒むるに節を失ふことを以てす、内三爻は、女猶家に在り約束其嚴を嫌はず、四爻に順て云ふは、其正を得るなり、五爻に假と曰ふは、交々相愛するなり、上爻に孚と云ふは、家の本身に在るなり、外三爻は女巳に家を成し乃ち終に吉を得るなり之を要するに下三爻は家を齊ふの事にして、家を敎ふるの始めなり。

天時　曇春夏は晴れ

疾病　治し難し

醫方　東南の老醫を賴むべし

勝負　吉

旅行　同行あるに宜し

待人　來らず來るも遲し

移轉　吉

顧望　遲く成る

失物　得難し

盗賊　出づべし

出產　五爻變は難みあり

走人　久しからずして歸る二五の變は歸らず

婚姻　成る

訴訟　害なし

夢　出家か婦人に付故障あるべし

兑下 離上 火澤睽 （第三十八）

睽小事吉、

此卦離火上に在り、兑澤下に在り、火は本炎上するものなるに、下に在りて益下り、互に相乖き離る、又離の中女上に在り、兑の少女下に在り、姉妹同く父母の家に育はるゝと雖ども、其歸ぐ所各異なるを以て、其志も亦同じからず、亦乖き離るゝの義と爲す故に名づけて睽と曰ふ、睽は乖くなり、目相視ざるの義なり、凡そ人爲すことあらんとすれば、人の和を得るを以て本とす、然るに此卦睽離るゝの義あれば、大事を爲すに用ふ可らず、然れども卦の體たる、柔進みて上行し、尊位に居りて中を得、下九二の剛に應ず、尊きに居れる已れる屈し、賢者に下るの象なり、睽の時に處るゝと雖も、小事の動作には尚吉を得べし故に小事吉と云ふなり

【運氣】

此卦に遇ふときは、人心乖き違ひ、百事成り難く、辛苦多くして、財寶散乱する時とす、然れども内に兑の説びありて、外に離の文明あれば、事に依り吉を得ることあり、一を執りて論ずべからず、夫れ睽かざれば本合ふことなし、夫の天高くして地卑きは睽なり、位定まりて造化の功を成すに非ずや、男は外、女は内、相睽くと雖も、禮定まりて夫婦の志通ずるに非ずや、天下の大なる、群生の多き、聚散萬殊にして、其事相睽くと雖も、制定まりて、萬物の睽くもの相類するに非ずや

初未濟	二噬嗑	三大有	四 損	五 履	上歸妹
目上の意見に從へば次第に喜びあり	親しき人と不和又は爭論を愼むべし	進退共に吉兆を得るべし	不圖損失あり愼むべきなり	舊業を守るも何事も新視の事は見合すべし	婦人の事より爭論あり愼むべし

物價

此卦は発澤上に在りて離火下に在り今來りて睽となれば離火動へて下より上に上り発澤動へて上より下に下り上下交相睽く故に睽と名く、相場には高き卦也発澤は下り離火は上りて引離る丶の卦にして高直現はすの時なり此卦高低共止り節直巾等は一或は六の數を標準とす

初爻變　保合にして景氣立ち難し

二爻變　始め安含みなるも人氣共に後に上るべし

三爻變　人氣と共に強し一旦中途で安きも又上る

四爻變　下るべし小相場にて動き少なし

五爻變　相場は片寄りて動き難し後少しく高し

上爻變　高下往來有定め難きも不時在て後に高し

賣買

成るべく控へ目に爲し其時の至るを待つべし兎角障害の多い時なれば愼むべし是れ以て内卦は皆疑ひて待つことあり外卦は皆反りて應ずることあり初と四と應じ、初の馬を喪ふもの、四の元夫を得て合び二と五と應じ、二の巷に遇ふもの五の膚を噬むを得て合ひ、三と上と應じ、三の輿曳かる丶もの上の雨に遇ふを得て合ふ合へば則ち惡人化して同室と爲り睽けば則ち家人疑ひて寇仇と爲る、恩怨反復して、變態常なし始めの睽くもの終りに合ふ卦は睽きて象は合ふ是れ易の變化窮りなき所以なり

天時　雨ふる

疾病　重し治するも遅し

醫方　西南の醫を求むべし

勝負　凶し

旅行　止むに宜し

待人　來らず

移轉　口舌あり凶

願望　成り難し

失物　得難し

盗賊　後に捕へ得べし急にするに可からず

出産　難みあり

走人　得難し

婚姻　成れども口舌あり

訴訟　終に和すべし

夢　人と爭ふか又は損失することあるべし

艮下　坎上　水山蹇　（第三十九）

蹇、利西南、不利東北、利見大人、貞吉、

此卦艮を下にし、坎を上にす、艮は止なり、坎は險なり、即ち險中に止まりて出づること能はざるの象又險を見て止まり、犯し進まざるの象あり、蓋し進まんとすれば、前に水あり、退かんとすれば、後に山あり、前後皆險なり、故に名づけて蹇と曰ふ。蹇の字、足に从ひ、寒に从ふ、跛者の行くこと能はざるなり、而して利西南、不利東北と云ふものは、西南は坤の方位にして、平坦の路なり、東北は、艮の方位にして、峻岨の地なり、凡そ人蹇難の時に遇へば、退き後るゝに宜く、進み先きだつに利あらず又蹇難の時に處しては、有德の人を見て、救濟を求むるに利あり、故に利見大人と云ふ、大人は九五を指す、陽を大と爲し、五を人位と爲す、三四五離あり、故に見ると云ふ、且蹇難の時一に貞正なるを要す、故に貞吉と云ふなり

【運氣】此卦に遇ふときは、貴賤貪當を問はず、身心憂苦あり、計る所皆空しく、賴む所皆違ひ、困難に陷るの時とす、然れども此卦の意に法とり、險を見て止まるときは、漸々險を脱することを得べし、又才智を捨てゝ長上の人に從ひ、己れを愼み、舊きを守るに吉、輕卒に變じ動くに利しからざるなり

初　既濟
初めは難義する事あるも遂に吉

四　咸
進退共に吉兆あり何事も吉

二　井
舊業を守る時は追て喜び事あり

五　謙
親類緣者の世話事あるも吉

三　比
貴人に從つて後に大喜び事あり

上　漸
性急に進むは凶しきも追て吉事あるべし

物價

此卦は上下を以て見れば坎險上に在り艮山下に在り是れ險中に止まり居て險を出る事能はず故に蹇と名く相場に於ては坎水下らんとして艮山に止めらるの象にして急に下り難きも後に下る事有高く續く時は急落あり高低共に止り節直巾數は三或は八の數を標準す

初爻變　少しく強氣に見るも安きに至るべし
二爻變　人氣は強氣なるも相場は動き難き保合ふ
三爻變　少し高きも景氣立ち難し遂に安きに至る
四爻變　小相場にて少しも又下るべし
五爻變　相場は片寄りて定め難し
上爻變　高下往來あり定め難し後強きに至るべし

天時　曇る
疾病　急に治し難し
醫方　北東の方宜し
勝負　凶し
旅行　破財の事あり止むに宜し

待人　來らず
移轉　止むに宜し
願望　成り難し後には成るべし
失物　水邊に就きて得べし
盜賊　早く尋ぬる宜にし

出産　難みあり
走人　得難し後に知るべし
婚姻　成り難し成れども口舌あり
訴訟　止むるに宜し法廷に出づれば凶
夢　神社寺堂等に參詣するに宜し

賣買

進んで利あらず慎むべし此卦は險を知て止まるのみならず其の往く所の利を知るこりと猶遠はし艮下に居り蹇の始めにて動くべきを以て不利とを知り往くを誤て當りくを觀る時を待て動くべきを以て已に艮の止の事の去るに近く九

初爻は遠くして居る始めを以て國事を觀て往くを待ちて動くべきものなり坎險を犯し下の交に當るもの四爻は心腹股肱の相連なる所五爻の君に切なり五爻は君なり諸交の蹇の極とし以て上爻は位にと當らざる

二爻は下卦の中に居り大蹇を濟ふ所とも君の蹇を濟ふ勉にして一體心腹の相合せて以て五爻の君に連なる所

三爻は獨り局外に居て世を憂ひ時を傷み身は位に當らざるも理亂を聞かず置かず

震上 坎下 雷水解 （第四十）

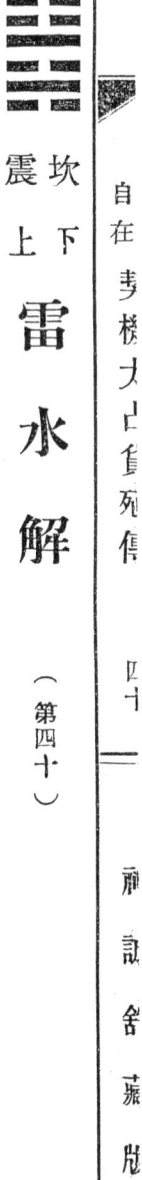

解利西南无所往、其來復吉、有攸往、夙吉、

此卦震を上にし、坎を下にす、雷、上に動き、雨、下に降れば則ち欝結するもの解す、又時に於ては、

坎を冬とし、震を春とす、冬より春に渉り、雨水乍ち來り、春雷始めて發し、枯れたるもの生じ、蟄す

るもの起り、解散して萠發するの象、故に名づけて解と曰ふ、解は判なり、刀を以て牛角を判するの意

なり、又脱なり、緩なり、其辭西南に利しと云ふものは、此卦坎を北とし、震を東とす、北より東に轉

じ而して南し、又西するは是れ天に順ひて行くなり。故に云ふ、解は蹇の難みを解く所以なり、東北を

反して東南、坎艮を倒まにして震坎とす、蹇の難み解けて則ち往く攸なし、故に无ら攸往くと云ふ、

【運氣】此卦に遇ふときは、從來の險難を解脱することを得べし、但し難を脱するのみにして、喜び

未だ至らず、元氣復せざるの時とす、且つ其險に處るに方りて、動かざれば則ち險を脱すること能はず

動けば必ず正に其方向を審かにし、又衆力を得るを要す、其己に解くるに及びては、人の疾癒へて、血

氣未だ復せざるが如し、宜く之を休養すべきなり、又困難僅に脱して、猶之を害せんとするものあらば

當に之を除き去るべし、故に難み解け喜びに遇ふの時とす

四師　時節を待つて後に進むべし遂に目的を達す

五困　深く注意せざれば病損又は災害あり

上未濟　迷ひあり注意すれば後に目的を達すべし

初歸妹　不圖爭論又は口舌事を注意せよ

二豫　家事和合ありて日に増し繁昌す

三恒　舊業を守るべし女に付苦勞あり

物價

此卦は震動坎險の中に在りて未だ險に當る事能はず今來りて解となり險を免かる即ち險み解けて身脱するの義なり故に解と名く相場に於ては坎水は下り震雷は上り互に上下離るゝの卦とす即今を中直とし高下する事ある此卦高低直巾及止り節等は五或は十の數を以て標準す

初爻變　高下往來あり定め難きも不時ありて動く
二爻變　下落する象にして却て上るべし
三爻變　保合後少しく高き象あるも格別の動なし
四爻變　上る象あるも後却て下押すべし
五爻變　下るべし若し強氣なれば急落あり
上爻變　高下持合往來ありて後少し強し

賣買

進退共に吉兆を得べし。各爻に依て決すべし。初爻は難の始めて平きたるときにして唯咎なきことを求むるのみ。二爻に至れば難己に除き貞吉を得るものなり。三爻は難み消すと雖も寇を以て咎を致す自ら咎を取るものなり。四爻は難み未た全く解けず尚人の相助くるを望むものなり。五爻は能く心を以て相孚し群小人をして之を統ぶるに難の作る小人に由りて之を除くものなり。上爻は積惡未だ靖からざるものあるを以て威武に依りて之を除くものなり。之を解くは君子に由らざるなし

天時	疾病	醫方	勝負	旅行
雨ふる又雷風の象	急に治し難し	辰巳の間の老醫を良しとす	吉なり	長上の人と共にするは吉

待人	移轉	願望	失物	盜賊
來る	動くに宜しからず	早きに宜し遲きときは成らず	得難し	捕へ難し

出產	走人	婚姻	訴訟	夢
男を得べし	得難し	三爻の變は吉否れば成るも凶	長し我意を出さゝるものは吉	雨か水邊の夢ならん病人には凶

兌下　艮上　**山澤損**　（第四十一）

損有孚、元吉、无咎、可貞、利有攸往、曷之用、二簋可用享、

此卦山を上にし、澤を下にす、即ち下を深くして高きに増すの象。又地天泰の時、乾坤全く存す、今乾坤皆一を損す、易は凡そ陽を有餘とし、陰を不足とす、故に損益二卦、皆陽を損し陰を益することを主として云ふ。是を以て次卦を名づけて損と曰ふ。損は減なり、失なり、卦たる三陽三陰にして、上を損し下を分ちて見れば、下卦の一陽を損して、上卦に一陽を増すが如しと雖も、六畫全卦を以て見れば、一を損して一を益すも、剛柔の交代せるのみにして、損益なるものなり、

【運氣】此卦に遇ふときは、己れを損し人に益するを可とするの時なり。又利慾を損すれば德を益し、驕奢を損すれば財を益すべし、其損すべきものを損すれば、之を損するも、以て損と爲さず、其損すべからざるものを損すれば則ち損せずして已に損するを疑ふべし、夫の人を損して己れを益し、公を損して私に益するが如きは、皆損して咎を得るものなり。又先に苦み、後に説び、己れを勞して人を益することありと知るべし、且つ財を施すの意あり短慮深慾の人は必ず凶なり

初蒙　性急は宜しからざるも靜に爲す時は吉

二頤　何事も進んで利を得べし

三大畜　何事も初め宜しき様なるも急に進まず

四睽　人と口舌爭論起る愼むべきなり

五孚　靜かなるに宜しく急なるは凶し

六臨　餘りに宜しからず諸事愼むべし

物價

此卦は上下交りて國家安泰なれば今來りて損となれば上六來りて三に居る九三往きて上に居る是れ下を損して上を益し故に損と名く相場に於ては艮山止まる兌澤も下に止まる互に動かざるの卦也此卦高低共に止り節及直巾は一或は六の數を以て標準とす

初爻變　人氣共に弱し下るべし
二爻變　人氣強くも相場は動き難し保合事多し
三爻變　大勢は高し初めは景氣弱く後に上るべし
四爻變　人氣相場と應じ難し一旦高きも又下る
五爻變　強氣を含む不時在て少しく高し
上爻變　上る体にて相場は却て弱し下るべし

賣買

賣買は進退共に其宜しきを得れば必ず儲かるべし本卦の象は山に澤に相咸すの時にして各爻に依て其方針を決すべし。初爻は事を謀るの始め輕重緩急の宜を酌りて之を損するものなり。二爻は中に居り損ぜざるを以て利貞と爲すものなり。三爻は損の主爻にて其一の損するものなり。四爻は外卦の始めにして初爻と應じ其疾を損するものなり。五爻は柔順にして中を得下に孚あるを以て人其孚を献じ意外の益あり故に損を言はす。上爻は損の極に居り復損す可らされば損せずして之を益すと云ふ

天時	雨ふる	待人	來らず	出産	難みあり
疾病	長ければ治すべし	移轉	初め吉なるが如く後に凶	走人	遠く行かず尋ぬべし
醫方	西北に宜し	願望	急に成り難し	婚姻	成る再婚なるべし
勝負	二三爻は吉	失物	急に出で難し	訴訟	和すべし
旅行	病難の恐れあり	盜賊	東北より得べし	夢	盜難に遇ふことを用心すべし

震下 巽上 風雷益 （第四十二）

益　利有攸往、利渉大川、

此卦巽の風を上にし、震の雷を下にす、天地の氣相交りて、風雷を生じ、風雷相交りて、百物を生ず。凡そ天地間に生ずるもの、皆此二氣の相益するに非ざるなし、又天地否の時、上卦初畫の陽に損し、下卦初畫の陰に益せば、則ち此卦を成す、故に名づけて益と曰ふ。益は増すなり、此卦亦三陰三陽にして上下内外の陰を分ちて見れば、上卦の一陽を損して下卦に一陽を益すが如しと雖も、六畫全卦を以て見れば一を損して一を益するも剛柔の交代せるのみにして、益なきものなり、然るに名づけて益と曰ふ。ものは深意の在る所にして下に在るものは民の象。上に在るものは君の象なれば、上君上の驕りを損して下民を賑はし恤むときは、其國殷富す民を益するは乃ち國を益する所以なればなり。利渉大川とは震巽二體を以て言ふ

【運氣】

此卦に遇ふときは、人に助けられ又は人より惠まれ、利益を得るの意あり。然れども我れに益あるときは、益と爲すことを得ず、我れに益ありて、人にも損することなく始めて益と稱すべし、然れば卦名は吉なるが如しと雖も、此卦身心辛苦あり往居安寧ならず、或は損失等の患びあり、短慮を愼まざれば驚動することあるなり。又人と相謀りて業を興し安き時人より惠まるゝ意のみ益ありて、人に損あるときは、益と爲すことを得ず、我れに益ありて、人にも損することなく始めて益と稱すべし、然れば卦名は吉なるが如しと雖も、此卦身心辛苦あり往居安寧ならず、或は損失等の

初觀

性急なるに宜しからず貞正なれば貴人の助あり

四安と妄

妄に事を改むるは凶し勞して功なき事あり

二中孚

色情を愼むべし二人に從ふべし

五頤

進退共に吉兆を得る

三家人

常業を賢く守るべし新規は凶し

上屯

初めは苦心あるも後には好果を得る

物價

此卦は上下交らすして國家否塞す今來
りて益となれば初六往きて九四に依り
て初めに居る、是れ上を損して下を益す故に益と
名く相場に於ては震雷は上り巽風は下る即ち氣配
に連れて強氣上るの卦也此卦高低共に止り節及直
巾等は五或は十の数を以て標準となす

初爻變　不時入り俄かに高し秋は風の不時で強し
二爻變　一旦は高きなるも後に安に至るべし
三爻變　保合にて動き難き事多し
四爻變　人氣共に強き上る体なるも安含みに至る
五爻變　高きに見て却て安く下るべし
上爻變　人に反して必ず下るべし

天時	曇りて後晴る	待人 遅く來るべし	出產 女を得或は障あるべし
疾病	長けれども治すべし	移轉 吉	走人 後に知るべし
醫方	春夏は辰巳の方秋冬は南の方宜し	願望 成り難し	婚姻 吉
勝負	吉	失物 速かに尋ぬれば得べし	訴訟 反省して止むに宜し
旅行	止むに宜し	盜賊 捕へ難し	夢 繁昌の場所か高山などに登ることあり

賣買

賣買共に利益を得る時なり是れ利益一
點張の卦にして各爻に依りて決すべし
初爻は事の始めにして利益を計るに恒久を圖るも
のなり。二爻は中正にして益を受け永貞にして吉
なるものなり。三爻は動きて益を求むるも志し凶
を救ふに在るを以て咎なきものなり。四爻は五爻
に比し初爻に應じて下を益するを以てにも
なり。五爻は剛健中正にして益の主と爲し下に惠
むを以て益と爲し其益愈大にして元吉を得るもの
なり。上爻は外卦の極に居り益を救めて甚しきに
過ぎ凶を得るもの也要するに卦の義は損と相反し

乾下 兌上　澤天夬　（第四十三）

決、揚ゲ于二王庭一、孚號コトアリ、有レ厲、告自レ邑、不レ利即レ戎、利レ有二攸往一、

此卦兌澤を以て乾天の上に在り、澤氣天上に登れば、必ず雨と爲りて下るべし。是れ決し去るの義なり又乾の至剛を以て、兌の至弱に對し、我れの剛強を以て、彼れの柔弱を決す、其の決し去るや甚だ易し全體に於ては五陽を以て一陰に對し、一陰を以て五陽に敵し、五陽を以て一陰を去る、君子を以て小人を決し去るの象なり。故に名づけて夬と曰ふ、夬は決なり

【運氣】此卦に遇ふときは、剛強に過ぎて事を敗るの恐れあるものとす、又物の散乱して傷るゝ意あり剛に過ぐるときは凶、百事忍耐柔和なるに宜し、固より惡を去るを務むるの卦なれども、敢て輕卒に之を行はず、深志熟慮己むことを得ずして後に之を決すべし、而して惡を去るは草を去ると同く、務めて其根を絶ち、復萌ぜしめざるべし、此義に法とりて事を行ふは、夬に處するの道なり、且つ文書契約より禍を得て財を損する意あり

初　大過　時を待つべし　性急は凶し

四　需　時節を待つべし性急は凶し秋は宜しい

二　革　目上の人に順ふべし物を改めて吉

五　大壯　急に驚く遂ひある後に宜しい

三　兌　婦人に付喜悦事あり又色情注意

六　乾　貞正和順なれば貴人の助けを得る

物價

此卦は下の五陽上の一陰を退けんとするの卦なり故に此卦を名けて夬と曰ふ決とは決し去るの謂なり相場に於ては次第に高くなりたる時は是より下落すべし又安き保合或は急

上爻變　高き時は下るべし又安き時は上るべし
五爻變　高下なし安保合ふて下るべし
四爻變　小變動にて少しく保合ふ事あるべし
三爻變　相場の實体改りて高きに至る
二爻變　大に高下あるも後安きに至るべし
初爻變　落ありたる時は必ず上るべし占者其時に臨んで活断を要すべき也高低直巾は一六の数を以て標準す

賣買

賣買は成るべく注意すべきの時なり物事其初めは良好を見るも其後の成り行は餘り宜しかず又禍に罹り易き事ある故に深く慎むべきなり此卦一陰の微と雖も直ちに之を決し去らんとすれば却て禍難を醸すに至る故に六爻の辞諄々として之を戒め危懼に堪へざるものゝ如し。初爻は往かんと欲して進まざるものなり。二爻は戒あるを以て懼れは勝たざるを以て戒め。三爻は凶あるを以て戒めと爲すものなり。四爻は五爻に至り始めて夬央旡咎と云ひ群陽を聯合して一陰を決することを得るものなり。上爻は卦の終り夬己に盡き小人の道己に消するものなり

天時	曇る	待人	來らず	出產	男を得少しく障りあり
疾病	長し	移轉	吉	走人	急に知れ難し
醫方	西北の醫を頼むべし	顧望	妨げありて成り難し	婚姻	凶止むに宜し
勝負	三爻は吉なり	失物	西北なれども或は出で難し	訴訟	急なるに宜し
旅行	止むに宜し	盗賊	捕へ難し	夢	高山か神社を見るべし

巽下 乾上 天風姤 （第四十四）

姤（ナリ） 女壯（サカンナリ）、勿用取女（レ レ ニ）

此卦純陽の乾中に一陰忽ち來り遇ふの象あり、又巽風乾天の下に在り、風の天の下を行くや、遍く萬物に觸れ遇ふなり。名づけて姤と曰ふ。姤は遇なり、女壯とは此卦復に反し、一陰始めて下に生ず、今微弱なりと雖も、其の來り信ぶるや、勢ひ必ず壯に及ぶとなり、蓋し陰の陽を犯す、防ぐべからざるものあり、家道の索くる皆女子に始まる、壯は女より壯なるはなし、故に之を戒めて勿レ用レ取レ女と云ふ卦を以て見れば巽は長女にして、年齒壯なるものなり。又一陰の女子を以て、五陽の男子に遇ふは、不貞の女なり。皆女を取るに利しからざるの象なり

（運氣）此卦に遇ふときは、望む所に非ずして、卒然と相遇ふの意あり。又物の聚散定まりなき意あれば、思慮定まらずして、事に迷ふの時とす。又一陰を以て五陽に遇ふの卦なれば、不貞の女の如く爭ひあるべし。又彼れに離れて此れに依り、始め親みて後に疎んじ、或は始めは悅ぶべきが如くにして半ばに至り、事成らざるの意あり。彼れ乾剛なりと雖も、我巽順を以て之に處すれば、災害なきの時とす

初乾 下は萬事愼むべし 貴人には吉なるも以て定め難し性急なれば凶愼むべきなり

四巽 心定め難し性急なれば凶愼むべきなり

二遯 貞正にして舊業を守るべし後に吉を得る

五爻鼎 親規に行ふ事は吉

三訟 不計親類緣者に苦節あり注意せよ

上大過 我意を以て進むは凶注意すべし

物價

此卦は善惡に關せず卒然として之に遇ふの象なり例へば晴天に忽ち大風と為り或は雲を起し雨となすが如き事あり、相場に於ては一陰下に生するを以て下る意あり又巽は往來し乾天は上り大に高き意あり占者活斷に注意せよ此卦高低節及直巾は三或は八の數を以て標準とす

初爻變　初めは保合ふも遂に上るべし
二爻變　高下保合にて變動少なし
三爻變　強動あるも後に下る事多し
四爻變　格別の事なし秋は高き事あり
五爻變　初め保合も種々の材料の爲に上るべし
上爻變　下りて保合べし人氣と共に景氣立ち難し

天時　曇りて風ふく	待人　來るも遲し	出産　障りなし
疾病　凶し	移轉　止むに宜し	走人　尋ね得べし
醫方　戌亥の方宜し	願望　急に成り難し	婚姻　成れども和せず
負勝　凶し	失物　得難し	訴訟　永し利を失ふべし
旅行　獨行に宜しからず	盗賊　捕へ得べし	夢　仕官するか又事を改め替る意あらん

賣買

賣買は十中の八九迄は上勝負であるを以て上るを以て其の底の直を見込むに望買方針はみを以て總じて執るべし此卦に一陰生じ其の勢ひ漸く長じ壯にして乾を侵すの時に至る柔を以て剛を侵し甚だしきに至る女の戒めあり柔にして女を以て辭あり動かざるを以て初爻は象象に當んぜざれば以て吉とす剛柔相遇ふの爲め禍を得べきものなり。二爻は内卦の中に居りて實を得て安んぜざるを得敢て剛柔相遇ふの爲め剝せらるべきものなり。三爻は變じて初陰に養はれ初陰亦奸をなすを以て各なきを得るものなり四爻は陽を以て陰に居り得べきものを失ひて各得るものなり五爻は剛陽中正にして剛を以て柔を包み惡をして長ぜざらしむるものなり。上爻は姤の終り上に窮まりて咎なるものなり

坤下
兌上　澤地萃　（第四十五）

萃亨、王假(ニ)有廟(一)利(レ)見(二)大人(一)亨、利貞、用(二)大牲(一)吉、利(レ)有(二)攸往(一)、

此卦澤を上にし、地を下にし、澤能く水を畜へ、地亦能く水を畜ふ、伏卦に大畜ありて、畜聚の義あり又上和悦にして下を愛し、下巽順にして上に聚まる、我れ順へば彼れに聚まり、彼れ悦べは我れに聚まるなり、物聚まるときば其道必ず通ず、是れを以て萃亨と云ふ、王假(三)有廟(一)とは、王者仁孝にして、其精神祖先を感格す。假は格なり、有廟は祖先を祀る所にして、有は尊稱なり。此卦一陰上に主と爲り、三陰順ひて二陽の下に聚る、五を天子と爲し、上を宗廟と爲す、故に王假(三)有廟(一)の象あり

【運氣】此卦に遇ふときは、物相聚會し、平順にして諸事に吉なるの時とす。夫の内には精神を萃め外には財力を聚むるは、皆萃の道なり。然れども順はざれば則ち散じ、悦ばざれば則ち離る、此卦順にして悦び、聚まるの善なるものなり、卦の大旨、祖先を祭り、神靈を享するに在り、幽には精誠を以て祖考を格し、明には和樂を以て室家を宜くすべし、是れ萃に處するの道なり、

初隨
目上の老人に順ふに宜しい女難を注意

四比
安静に宜しく性急なるは凶し

二困
不正は凶し又盜難を注意せよ

五豫
進退共に吉兆を得る萬事進む

三感
婦人の事に喜びあり又散財を注意せよ

上否
万事間違あつて迷ふ事あり注意せよ

物價

萃は聚なり此卦二陽は四五に聚まり四
陰は二陽に聚まり、今九五の君と九四
の宰相と四五の君相の位に聚まる故に萃と名く、
相場に於ては物品豊富にて下落する卦也人氣に依
て高き時或は保合てゐる時等は必ず下る、急落又
其反動あり此卦は高底直巾三八の數を標準とす

初爻變　保合て高し
二爻變　下落續きの時此爻を得れば必ず上るべし
三爻變　初め保合て遂に下るべし
四爻變　保合て後に下るべし
五爻變　其初め強氣にて又其上上進すべし
上爻變　次第に高し

賣買

運勢は顔る盛んな時である賣買上の事
は總て我が目的通りに行ふ時である即
ち物の聚る意にして我が身に取り込むと云ふ上に
於ては此上もなき吉兆時であり注意すべきは相場
に於ては時價を觀察し高きは賣り安きは買の時で
ある何れにしても幸運にて賣買共に利益を得るの時
とす此卦六爻を通觀するときは五爻は萃の主にし
て乃ち大人なり、初は萃を以て乱を致し、二は萃
の孚を得、三は萃に因て嗟きを興し、四と初と應
じて萃り、五は萃の吉を得上は萃の爲めに涙を流
す之を要するに六爻皆復萃を言ふものなり

天時	曇りて急に雨らず	待人	來るべし	出産	女を得べし初産は障りあるべし
疾病	治し難し名醫を求むべし	移轉	止むに宜し	走人	西南を尋ねて得べし
醫方	西北の方宜し藥違ひのことあり	願望	成ると遲し	婚姻	成るべし
勝負	大概吉なり五爻は特に宜し	失物	西南なれども出で難し	訴訟	吉なり
旅行	獨行に可ならず又女難を防ぐべし	盗賊	東方より捕へ得べし	夢	多く人の集ることを見るべし

巽下
坤上 **地風升** （第四十六）

升元亨、用見二大人、勿レ恤、南征吉、

此卦上卦を坤とし、下卦を巽とす、巽木を以て坤地の下に在り、木の種子、地中に入り、坤土の養育に由り、日夜に發生して、甲を折き、芽を發し、莖を長じ、枝を生じ、葉を茂らし、花を開き實を結ぶの象あり。故に名づけ升と曰ふ。升は進みて上るなり、元亨とは、二爻に剛中之れが應たり、此くなれば則ち升ることを得て大に亨ると謂ふ。用見二大人二とは六五の君、九二の大人を見ることを謂ひ、用とは上より下を見ればなり、九二既に六五の應を得れば、則ち必ず憂恤せず、本卦大象坎なるを以て、憂恤の象あり、故に勿レ恤と云ふ。巽は東南、坤は西南巽坤の中に離あり、九二九三を經て以て坤に入れば、則ち其行く所南離を經過す。故に南征の象あり、離は文明の地、坤巽交々映ず、明良の相遇ふの象あり、故に吉と云ふなり

【運氣】此卦に遇ふときは、運途漸く進み、志望を遂ぐるの時とす、然れども高きに升るは必ず卑きよりするが如く、時に先たつ可らず又時に後る可らず、靜かにして時を待ち、漸々に升るべきなり

初泰 進退共に吉 兆を得る	**二謙** 貞正和順なれば 家は繁昌すべし	**三師** 舊業を堅く守り他に 動く勿れ愼むべし
四恒 家内緣談事あるも 何れ世話事あり	**五井** 貞正ならざれば不圖 災難あり注意せよ	**上蠱** 婦人の事より目上の人 又は親類に苦舌あり

物價

此卦は地中に陽氣あり風地上に升登す
故に升と名く相場に於ては高き卦なり
安き所より買へば遂に上るべし幾度も往來する意
有然れば高き時より安き時を臨み買方針を執る此卦
高低直巾五爻は十の數を標準とす

初爻變　少しく強氣なるも景氣立ち難し
二爻變　動きなくして安すし
三爻變　強氣に見るも安く下るべし
四爻變　人造的の變動ありて遂に高し
五爻變　強氣も遂に下落すべし
上爻變　上るべし然れども急に上らす

天時	雨ふりて晴るべし	待人	來るも遅し	出産	女を得べし
疾病	急に治し難し	移轉	止むに宜し	走人	西北より得べし
醫方	辰己の方宜し	願望	成る速かなるに利あらす	婚姻	成る静かなるに利し
勝負	大概は凶なるも初爻二爻は吉	失物	急に出で難し	訴訟	和するに宜し
旅行	止むに宜し	盗賊	西南より捕へ得べし	夢	物を待ち兼ぬる意あり

賣買

賣買は宜しき時なり其懸引を上手に行ふ時
は地より出づ巽を風と爲し又木と爲す、木と風
は賣買共に宜しく利あるべし此卦は木
其升るは一なり爻象内三爻巽と爲す初爻は巽の主
上に允せられて升り大吉を得るものなり。二爻は
剛中の德を備へて答なくして喜びあるものなり。三
爻は巽の終りにして諸艱を歴位日に進みて日に高
く虚邑に升りて疑ふ所なきものなり外三爻を坤と
爲す。四爻は岐山に亨することを言ひ。五爻は柔
中にして位其高を極め階に升り貞吉を得るものな
り。上爻は坤の極に居り升りて上に至り復升るべ
き所なく人に在りては祿位己に盡き凡そ富貴達は
消して旡有に歸し、唯道德功名を以て不息に流傳
するものなり

坎下 兌上 澤水困 （第四十七）

困、亨、貞、大人吉、无咎、有言不信、

此卦兌を上にし、坎を下にす、兌澤水悉く漏れ、澤中水なきの象。又坎を流水と爲し、兌を止水と爲す流水にして止水の下に在り、其阻抑して通ぜざること知るべし、又全卦を以て見れば、九二の一陽、二陰の爲めに挾はれ四五の二陽、上六の爲に挾はる、又上の互卦巽を木と爲す、澤竭くれば則ち木橋る。下の互卦離を日と爲し、日を以て晅せば、則ち水益く涸る、故に名づけて困と曰ふ、困とは敵の重圍に困められ、獸の穽中に陥るが如く、困みて出づること能はざるなり、然るに困亨と云ふものは、困の時直ちに亨通するに非ず、困に處して能く其道を守るときは、他日必ず困厄を脱して亨通すべきを謂ふなり然れども貞正堅固なるに非ざれば能はず、故に之に繼ぎて貞と云ふ、大人吉とは、二爻と五爻を指して言ふ陽を大とし、二五を人位と爲す、二五剛中にして共に大人の德あり、故に能く時を知り命に安んじ必ず困に終らず跡困むと雖も道則ち亨、故に无咎と云ふ

【運氣】　此卦に遇ふときは、難儀困窮して志を達すること能はず、辛勞多きの時とす、唯宜く困を守りて時運の來るを待つべきなり、性急なるときは、住居を去り、或は親戚朋友に遠ざかるの意あり、又説びを以て危に入るの象あれば女色等を戒べきの時不義不正の事に此卦を得れば災害必ず來ると知るなり

初兌	二萃	三大過 凶し
不信心なる時は不圖心配事起るべし	進退共に我意を出さぬ時は後吉なり	總て口舌爭論を愼むべきなり

四坎	五解	上訟
物事性急なる時は宜しからず愼むべし	我が油斷より目下の人に付心配あり	總て口舌爭論を愼むべきなり

物價

此卦は坎水兌澤の上に在り今來りて用となる是れ澤上の水澤下に下るの象ある即ち澤に水を得ざれば貨財殖へず窮迫の義なり故に困と名く相場に於ては大保合の時にして上下共に變動少なし長く保合は是より上るも高きは又下るべし此高低直市は三八の數を以て標準とす

初爻變　小高下にして安し下るべし
二爻變　少し高きも永續せず
三爻變　保合相場にして活氣なく
四爻變　大に下る事あるべし
五爻變　少しく高きも遂に下るべし
上爻變　高下不定なり始め高くも遂に下るべし

天時	晴る
疾病	危し注意すべし
醫方	西の方よろし再三替りて宜し
勝負	凶し
旅行	財を求むるの類成らず

待人	遲し
移轉	凶止むに宜し
願望	成り難し
失物	出で難し
盜賊	得べし急に捕へんとすれば難あり

出産	或は障りあり
走人	尋ね得べし
婚姻	成れども凶し
訴訟	凶し
夢	損失間違の事あらん信心すべし

賣買

此卦は爻象の義往くを以て凶と為し來るを以て吉と為す往くとは下より上に來るとは上より下に來るなり。初爻は往くなり君子を困めんと欲し其據る所を失ひて自ら困むものなり。二爻は二陰の中に困ると雖も剛中の德あり困に居ることも泰然として自ら養ひ其處を失はざる所なり訴ふる所なく酒食を以て困に居り陰に居りて自ら進退皆意の如くならず困の甚だしきものなり。三爻は陽を以て陰に居り然れども志合未だ正しからず困を極る所なり相與にして凶。四爻は上九五に比し徐々志合應々あるもの九五は陽剛にして二と同德に犯すが故に未だ必ず能く福を受く五爻は陰柔にして二と同じて福を受く止まず故に上爻は陰柔にして二と福の極に居るもの困の時に處するの道を知らずして困むものなり

巽下 坎上　水風井　（第四十八）

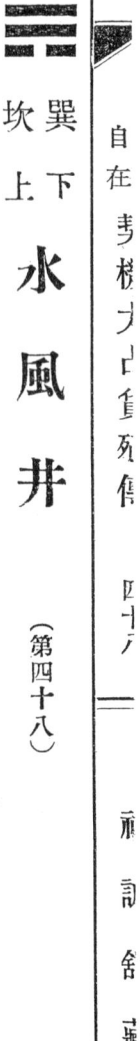

井、改ㇾ邑不ㇾ改井、无ㇾ喪无ㇾ得、往來井井、汔至、亦未

繘井、羸其瓶凶、

此卦坎を上にし、巽を下にす、坎は水なり、巽は木なり、又入なり、巽の木下に入り、坎水を取りて上に至る、井を汲むの象あり、故に名づけて井と曰ふ、井は日に用ひて生を養ひ命を有つ所の本なり。古へ邑を立つる必ず水泉の在る所を相す、水泉を得ざれば以て邑を建て難し、邑に水泉なきときは、當に邑を改めて以て水泉の在る所に就くべし、水泉は人に由りて建つものなれば、猶は改め易ふべしと雖も、井泉は地脈に由りて得るものなれば、之を轉移す可らず、故に改ㇾ邑不ㇾ改井と云ふ、井の德たる、汲めども竭くることなく、汲まざれども溢るゝことなし、之を无ㇾ喪无ㇾ得と謂ふ

【運氣】此卦に遇ふときは、井の德を己に修め、汲養のものを以て人を惠み、其遇と不遇とは、之を天に任せ其德を改めざるべし、又井は節の意あり、井の水を節して養ひに備ふるは、猶人の財を節して用を備ふるがごとし、其養ひありて養ふ所を知らざれば、井遂に虚器と爲り、其財ありて用ふる所を知らざれば、財終に虚靡に歸す、是れ井と財とのに咎非ず人の善く取らざるに在るのみ

初　需　静かに舊業を守るに吉性急は凶し

四　大過　人の爲に大に苦勞及又病難を注意せよ

二　蹇　不圖災難に逢ふか又は住居に動きあり得

五　升　舊業を守つて働かざれば後日吉を得

三　坎　凶し何事も注意せらるべし

上　巽　動き迷ひあり油斷すると損失ある

物價

此卦は坎水上に在りて巽木下に在り是のは井の体なり依て其の名の起る所とす水其上に出るも相塲に於ては安き所より釣上げ高き所より釣下げ幾度も往來する然とも大勢は往來ありて上進するものとす此卦高低直巾は五或は十の數を以て標準とす

初爻變　少しく強氣あるも景氣立ち難く保合ふべ
二爻變　動きなく保合て遂に安し
三爻變　保合ふも下落すべし
四爻變　不時を含みて上下往來ありて一定し難し
五爻變　必ず下落すべし
上爻變　上進の勢ひあるも急に上らず

賣買

賣買は餘り急くべからず性急なる時は損をするなり落付て向ふべし方針は低落の安直を望み買方針を執るべし各爻に依て進退時を決すべし。初爻は下に在り井の泥と為し食ふ可らず。二爻は陽を承けて坎なし瓶の敝れ漏るものと為す。三爻は位を得て上に應じ福を受くるものなり。四爻は德を修め過ちを補ふ井甃みして修まるものなり。五爻は陽剛中正にして泉美なるものなり。上爻は井養の功成る故に井收るものなり。

天時　風ありて雨を催すべし
疾病　重くして急に治し難し
醫方　辰己の方に求むべし
勝負　凶し
旅行　意の如くならず

待人　來るも遲し
移轉　安からず止むに宜し
願望　成るとも遲し
失物　出づべし
盗賊　捕へ難し

出產　少し難みあり
走人　急に知れ難し
婚姻　成り難し成るとも遂げ難し
訴訟　永し和するに宜し
夢　物を待兼ぬる意あり或は水邊す往來べし

離下 兌上 澤火革 （第四十九）

革己日乃孚、元享利貞悔亡

此卦は兌澤上に在り、離火下に在りて水火相對す、蓋し水多ければ火に勝ち、火熾んなれば水に勝つ、猶寒勝てば、暑去りて冬と爲り、暑勝てば寒去りて夏と爲るがごとく、水火相滅息するは、則ち變革の義なり又離の夏先きに在り、兌の秋後に在り、夏既に去りて秋將に至らんとす、是れ陰陽改革の時なり故に名づけて革と曰ふ、革とは獸皮の毛を去り、之を更革するなり、因て故きを改むるの義と爲す、己日とは改革し得て、功成り事遂ぐるの日を謂ふ、凡そ改革の道は、其初め人々之を信ぜず、其功成るの後、事宜きに協へば、則ち人始めて之に信服す、之を己日則孚と謂ふ、

【運氣】

此卦に遇ふときは、萬事改革するに宜きの時とす、從來世間に用ひられざるこの如きは、之を棄て去りて、新たに事を創むるに宜し然れども輕卒なるに宜しからず、眞僞正邪を鑑別して、其改むべきは、速に改むべし、物の盡きて始まり、破れて又調ふの意あれば、都べて人を以て事を計るに宜し又此に離れて彼れに悦ぶの義あるなり、

初 感
圖の喜び事あり
婦人の事に付不

二 夬
親しき人に付住
所に心勞あり

三 隨
貴人の人に順ふ
を萬事宜しく

四 既濟
物の間違ひ注意すべ
し又色情の心配あり

五 豊
物事静に行ふ時
は後に成就す

上 同人
家内に物事起
る散財あり

物價

此卦は兌澤上に在り離火下に在りて水火相對す蓋し水多ければ火に勝つ火燄んなれば水に優るとす尚ほ暑を去つて冬となるが如し變草の義あり故に草と名づく、相場に於ては離火は上り澤水は下る往來するの卦變動の別あり多くは上る事多し此卦高低共に二或は七の數標準

初爻變　
二爻變　安保合多く下る安き方多し
三爻變　片寄りて一往に上るべし長く保たず
四爻變　高下往來ありて強氣上るべし
五爻變　強氣に見て下落すべし
上爻變　高下往ありて一旦高くも後に又安すし保合て高きも大高下なし

天時	晴るときは雨 雨ふるときは晴	待人	來れども遅し
疾病	治し難し	移轉	火災の恐れあり止むに宜し
醫方	西南の方に求むべし	願望	初め難くして後に成る
勝負	改さて吉なり	失物	出で難し
旅行	止むに宜し	盜賊	捕へ得べし

	出産	安し初めは少し障りあり
	走人	急に知れ難けれども後に知る
	婚姻	成れども夫に利あらず
	訴訟	吉
	夢	離別などか圖らず損失あるべし

賣買

從來の方針を改めて新規に行ふことに利あるべし賣買は改良を加へて向ふ時に決すは必ず向つて宜しき時なり各爻に依て進退を決すべし、此卦下卦三爻は文明にして革む。初爻は己る日に至らず、未だ革を用ふべからず。二爻は正しき日に中り、乃ち革を用ふべし。三爻は革事已に成る上卦三爻改めて悦びを成す。四爻は天命を受け、五爻は天位を正し。上爻は天下化成して悦服せざるなし。而して革の事たる唯其時に當らんことを要す、是れを以て天地未だ春ならずして夏を革め未だ秋ならずして冬を革むること能はず四時の革まる皆夫の時に應ずるなり

巽下 離上 火風鼎 （第五十）

鼎、元吉亨

此卦は巽を下にし、離を上にす、巽は木にして、其味酸苦、乾は金にして、其辛酸互卦に兊あり、上卦の離と交りて坤土と成る、其味甘し、一卦中五味の象を有するは、唯此卦のみ、故に名づけて鼎と曰ふ又木を以て火に入るゝは烹飪の象なり、全體を以て見れば、初を足とし、二三四を腹とし、五を耳とし上を鉉とす即ち、鼎の畫象なり、鼎は三足兩耳にして五味を和するの器、其物たる端くして重く凝りて固く、大にして能く容るゝ故に之を以て大寶の位に象どる、故に元吉亨と云ふなり

【運氣】

此卦に遇ふときは、下たる者を撫育し、上たる人に服從し、鼎の德に體し、邪を去り正に從ひ、善に遷り、過ちを改むべし、然るときは、時運日に進み、日に升るべし、大に事業を爲すべきの時とす、而して百事延滯するに宜しからず、又住居を移し、或は事業を變ずるの意あり、然れども我意に任せて事を計るに利あらず、衆人の意見に順ふべし、否ざるときは妻子に別れ、住居を去るが如きの患難ありと知るべし

初 **大有** 性急なれば事を破る静に行ふべし

二 **旅** 家事に心勞あり口舌等に愼むべし

三 **未濟** 物事靜かなるに宜く時を待べし

四 **蠱** 目上の人と不圖爭ひあり愼むべし

五 **姤** 婦人の爲に身を損する事あり

上 **恒** 婚姻世話事あり大抵は吉なる

物價

此卦は全体に於て初爻を足とし二三四爻を腹とし五爻を耳とし上爻を鉉とす

是れ鼎の象なり故に鼎と名く相場に於ては巽木を以て離火を焚くの象にして上るの卦とす然れども上るに非ず高きに得れば下る安きに得れば上る此卦高下直巾四九標準とす

初爻變	初めは高し後に下るべし
二爻變	保合て後に下るも又上ることあるべし
三爻變	保合て下るべし
四爻變	不時在高下あるも片寄らず遂に保合すべし
五爻變	強く見へて却て下るべし
上爻變	一旦は高くとも後に下るべし

天時 雨ふりて後に雨ふく	疾病 治すれども遅し	醫方 東西に求むべし	勝負 大抵は吉なり	旅行 三人同行すれば吉二人なれば凶
待人 來るべし	移轉 火災を防ぐべし	願望 急に叶ひ難し	失物 出で難し	盗賊 捕へ難し
出產 安し	走人 知るべし	婚姻 成れども口舌あり	訴訟 正理を專らにするに宜し	夢 離別か圖らず損失あるべし

賣買

賣買は進退共に吉兆を得べし此卦井の水に取り火に取ると二つ共水を以て主となし井は水を以て主となし鼎は火を以て主となし鼎の上に在ること徐り

象相似たりと雖も此卦の用は火を以て主となし井は水を以て波むも鼎の上に在ること徐り潔きを致すものなり初めに離火を以て二爻を化して陽となり赤く上卦鼎は烹ること三爻皆中剛を以て其中に實多く鼎の中に木火迅烈に過ぎて自ら其德あり貞に任へて上に在り物に及ぼし利ありて中剛を以て鼎の實多く鼎の足外卦の火と兩爻折れ鼎の實を覆すものにして上に在り外卦の火と羞へ皆中剛を以て其中に實多く五味を調へ百珍を羞へかに物を致す其中に實あり初爻は鼎の初めにして上に在り倒まにして否穢を去る五爻は陽にして中に居る三爻故に離火を以て相似たりと雖も此卦の用は火を以て主となし此上爻には係り鼎德の終り大吉にして物に及ぼし利しからず全く

震下 震上 震爲雷 （第五十一）

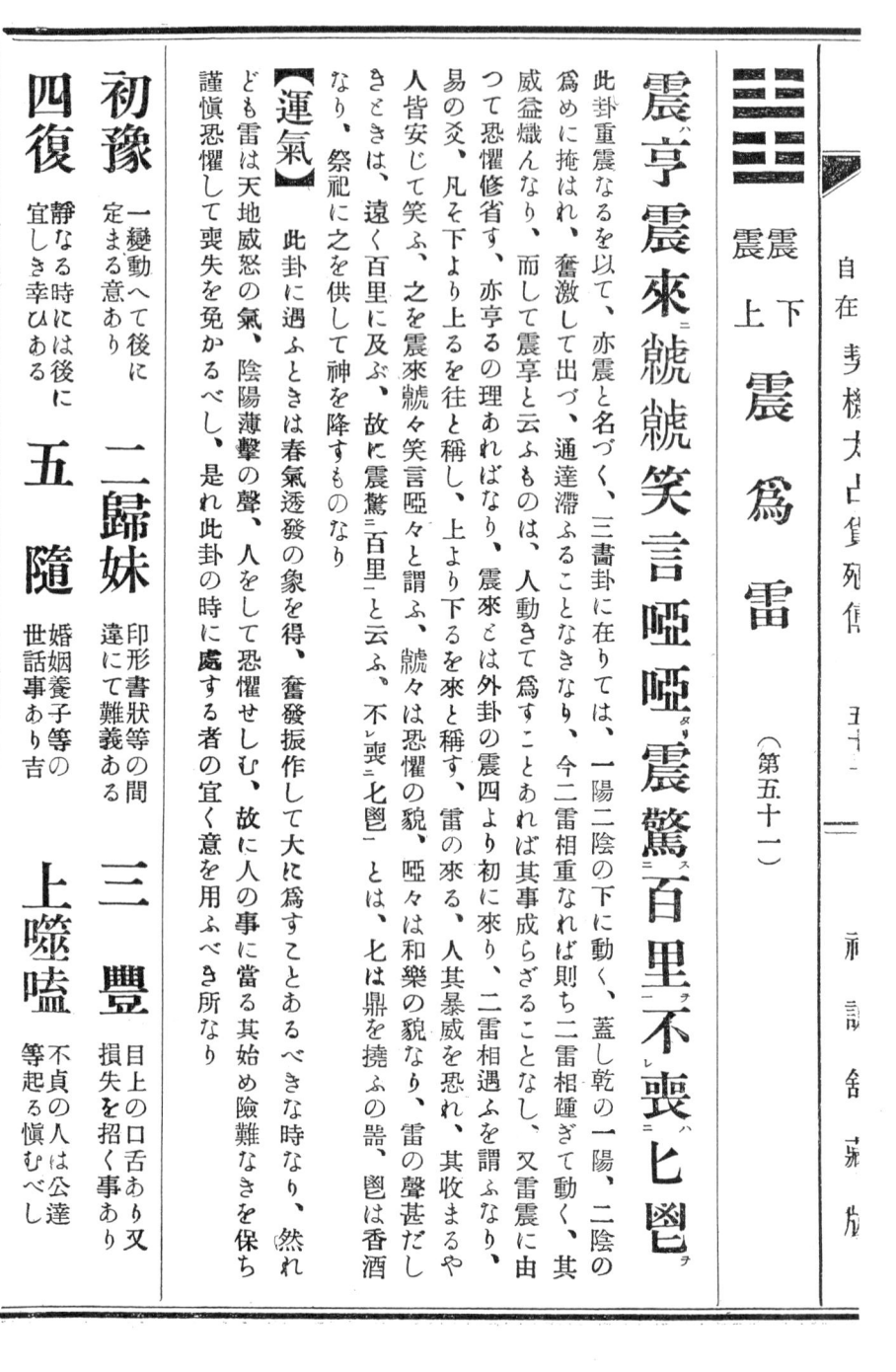

震亨震來虩虩笑言啞啞震驚百里不喪匕鬯

此卦重震なるを以て、亦震と名づく、三畫卦に在りては、一陽二陰の下に動く、蓋し乾の一陽、二陰の爲めに掩はれ、奮激して出づ、通達滯ふることなきなり、今二雷相踵ぎて動く、其威益熾んなり、而して震亨と云ふものは、人動きて爲すことあれば其事成らざることなし、又雷震に由つて恐懼修省す、亦亨るの理あればなり、震來とは外卦の震四より初に來り、二雷相遇ふを謂ふなり、易の爻、凡そ下より上るを往と稱し、上より下るを來と稱す、雷の來る、人其暴威を恐れ、其收まるや人皆安じて笑ふ、之を震來虩々笑言啞々と謂ふ、虩々は恐懼の貌、啞々は和樂の貌なり、雷の聲甚だしきときは、遠く百里に及ぶ、故に震驚百里と云ふ。不喪匕鬯とは、匕は鼎を撓ふの噐、鬯は香酒なり、祭祀に之を供して神を降すものなり

【運氣】 此卦に遇ふときは春氣透發の象を得、奮發振作して大に爲すことあるべきな時なり、然れども雷は天地威怒の氣、陰陽薄擊の聲、人をして恐懼せしむ、故に人の事に當る其始め險難なきを保ち謹愼恐懼して喪失を免かるべし、是れ此卦の時に處する者の宜く意を用ふべき所なり

初豫 一變動へて後に定まる意あり

二歸妹 印形書狀等の間違にて難義ある

三豐 目上の口舌あり又損失を招く事あり

四復 靜なる時には後に宜しき幸ひある

五隨 婚姻養子等の世話事あり吉

上噬嗑 不貞の人は公達等起る愼むべし

物價

此卦は一陽二陰の下に動く震は本八卦の名なり震を重ね奮激の威益々熾んなる故に震と名く、相場に於ては雷の如く俄に上り又俄に下る象あり又不時在て上るの象あり相當下直保合時は必ず上るべし又高保合は急落あれば安は懼に利ある高低止直巾五或は十の數標準とす

初爻變　往來ありて高し
二爻變　不時在りて高下定め難し後に安し
三爻變　保合て少し高し
四爻變　往來ありて一旦高きも後に安し
五爻變　小高下保合つて少し高きも後に下るべし
上爻變　上る高し然れども永く高直は持ち難し

天時 雷雨春冬は多く曇る	**疾病** 先きに危くし後に吉	**醫方** 東の方に賴むべし藥違ひのことあらん	**勝負** 凶し	**旅行** 凶 南方に吉東方に凶
待人 遠方の人は早く來る近きは遲し	**移轉** 災あり止むに宜し	**願望** 障りありて成り難し	**失物** 得べし	**盗賊** 捕へ得べし
出産 男を得驚きあり	**走人** 知れ難し	**婚姻** 西北は成り東北は成らず	**訴訟** 和するに宜し	**夢** 水邊にて損失のことあらん

賣買

賣買は進退の宜しきを得れば必ず儲かる時と駈引を爲すべし此、初爻は震の主にして事に臨みて事に後れて樂み、天に任せて動き、時は福を致すものなり。二爻は内卦の中に居り、貨を喪ふと雖も、逐ふことなくして自ら復るものなり。三爻は内卦の震末だ止まずして、外卦の震又來る、畏懼して安からず、僅に災を免かるゝものなり。四爻は外卦の震の主なれども陽を以て陰に居り、震の陽威己に竭き、汗泥の中に陷入して、自ら拔くこと能はざるが如きものなり、五爻は内震乍ら往き外震來る往來し雖も震の事を失はざるものなり。上爻は震の極宗廟社稷にして神明の至る所恐懼修省して咎なきを得るものなり

艮下
艮上 **艮爲山**（第五十二）

艮其背二不レ獲二其身一行二其庭二不レ見二其人二无レ咎

此卦重艮なるを以て、亦艮と名づく、一陽二陰の上に止る、一陽上り進むべきの所なし、故に自ら止まるなり、人の其止まる所に安んずる能はざるものは、欲に動けばなり、故に艮の道、當に其背に止るべし、見る所のものは前に在りて、背は則ち之を背く、是れ見ざる所なり、則ち外物安んぞ入りて身と媾を爲すことを得ん、之を艮二其背二不レ獲二其身一と謂ふ、行二其庭二不レ見二其人一とは、其庭は背に艮るもの、其人は則ち背に艮まる人、不レ見とは、人之を見ざるなり、已に庭に出でゝ天下の人を見ざるに非ず、蓋し其心を攝して動かず人と我と相交渉せずんば亦咎なき所以なり

【運氣】　此卦に遇ふときは、止まるに宜しく進むに宜しからず又喜憂の二山相重なるの意あれば事物半ば調ひ、難きことあり又人の背を合せて立つの象なれば、互に相與して助け合ふこと能はず、相背きて獨立せんとするものなり、蓋し卦爻上下相應ぜざれば視て視ざるが如く、聞て聞かざるが如し、心をもつて人事を處す、是れ此卦の時に處するものゝ意を留むべき所なり

初貴　家内に普請する事あり貞正は吉

二蠱　約事急に進まず慎むべきなり

三剝　不意に知きに苦舌あり慎むべし

四旅　物を改めて新規に行ふは見合べし

五漸　貞正賢固なる時は何事も成就すべし

上謙　物事急に調はず時節を待つべし

物價

此卦は一陽二陰の上に在り陽の貴きも陰の賤しき者の上に在れば既に進むべきの餘地なし依て止まる事と爲すなり是れ八卦の象あり、相場に於ては高き意味あるも相場に於ては下る止まる事多し高下少なきの時とす、此卦高低直市は一或は六の數を以て標準とす

初爻變　必ず高し然れども大上げなし
二爻變　不時入つて高下ありて高かるべし
三爻變　一時下落ありて相場の象變化すべし
四爻變　強氣に見て安し
五爻變　次第に上る漸々上騰するの勢ひあり
上爻變　保合て動き難き大抵安き方なり

天時	雨ふる 私は晴	待人 來らず
疾病	治し 難し	移轉 止むに宜し
醫方	未申の方宜し	願望 成るが如くにして成らず
勝負	凶し	失物 原所に在りて得べし
旅行	神佛に参するの外は凶	盗賊 早ければ得べし

賣買

賣買の時なれば利益少なし多くは物價保合人身に取る。初爻は初めにして趾の位に當る、凡その動止、必ず趾より始む、趾止まれば即ち妄りに動かず止まる所を得て失なし、故に咎なきものなり。二爻は止まるの時に止まることを欲せずして、快からざるものなり。三爻は内外の間に居り、心火薫灼して、危厲の意あるものなり。四爻は陰を以て陰に居り其身を善くして咎なきものなり、五爻は柔中にして尊位に在り、時ありて然後に言ひ語獸其時を失はずして悔亡ぶるものなり上爻は艮の終り山は厚重を以て體と爲す愈高くして愈厚く動搖すべからずして吉なるものなり

出産	得難男をみあり
走人	知れ難し
婚姻	成り難し
訴訟	和するに宜し
夢	高山に登るか迷惑することあるべし争を主る

艮下 巽上 **風山漸** （第五十三）

漸 女歸吉、利貞、

此卦は巽を上にし、艮を下にす、巽を木と爲し、艮を山と爲す、山上に木あるときは、則ち漸次に成長するの義あり、又艮にして一陽、巽にして二陽、一よりして二なるも亦漸の象、故に名づけて漸と曰ふ、漸を以て進むの義なり、女歸吉とは、巽の長女と艮の少男と配遇するに取り、女子の歸嫁するや、納采問名等、六禮の次序あり、漸にして進む、己に夫家に巽び、其家に止りて終るを以て道と爲す故に婦人嫁を謂て歸と曰ふ、其夫家に歸るの義なり、此卦六四の爻、進むに正しきを以てし、又巽ひて止るものとす、故に女歸吉と云ふ、而して其利は尤も正しきを得るに利し、貞と云ふなり、

【運氣】此卦に遇ふときは、漸々吉に向ふの義なれば、百事急進を望まず、順序を履み、怠らず事に進むの時とす、凡そ天下の事、進むを貴ばざるなくして、其進むこと迅速を貴ばず、必ず舒緩を貴ぶ舒緩にして進むは漸なり、世間急功を好むにより、漸の道を失す、惟女子の歸ぐのみ、漸の旨を存す、是れ爻象女の歸ぐを取る所以なり、故に出世の志願は成るも、晚く、其位置を堅め、輕卒を戒む、小を積み大をなすの卦なり

初 家人
婦人に付喜び事あり次第に吉

二 巽
性急なる事を慎むべし心不安也

三 觀
貴上の助けを得るか又人の爲に苦勞あり

四 遯
貞正なれば吉なるも性急は宜からず

五 艮
不信心なる時は大に苦舌あり注意

上 蹇
不計住居の心配あり注意すべし

物価

此卦は巽木艮山の上に在り樹木山に生
れば日を累えて蕃茂す是れ即ち除々に
進むの義なり故に漸と名く、相場に於ては急に上
らず次第に上るものとす、又潮騰の時は急落あり
漸落の時は急騰あり占者活断に注意すべし、此卦
高低共止り節直市は一或は六の数を以て標準とす

初爻變　初めは保合ふも漸次高きに至るべし
二爻變　保合て少しく高し
三爻變　漸次に昇進の勢ひあり
四爻變　保合て動き難し初めは高きも後に安すし
五爻變　動き難く保合て少しく高し
上爻變　保合ふて動きなし下る相場なり

天時	雨ふる風ありて晴るべし
疾病	凶
醫方	辰己の方に求むべし
勝負	大抵は吉也
旅行	南方に利しからず
待人	來る
移轉	急なるときは凶
願望	成れども遲し
失物	急に出で難し
盜賊	捕へ得べし
出産	安し
走人	知り得べし
婚姻	成る
訴訟	退くに凶進むに吉
夢	旅行などを見るか山に登るべし

賣買

は進退共に上手に駆引の爲す時は利益
あるの時なり、此卦家に在りては内外
順ひ、國に在りては上下安し、象象女を取り、
象鴻を取るの義なり、雁の飛ぶ時を識り、
漸く其終二り、飛翔甚だ遠を以て六爻の
なく其終はる、初めの進むの
近く其終り、五爻の磐は非ず其の初めの栖息甚だ
はめなり、二る女の歸ぐを待つ
終り其陸なの則ち天爻の木は始め
の安んずる所を得ざる四は剛にして危くして升り
ざるなり四は剛に乗じて德あり而して初
んの安んずる所を得ざるは應じて二の陸始
るなり則ち人位升りて三の安
をきに過ぎり其德猶ほ則ち二五中正を以て相應
を以て獨り其吉を得るなり

兌下
震上 雷澤歸妹 （第五十四）

歸（ハ）妹（ニ）征（ケバ）凶（ニシテ）无（シ）攸（レ）利、

此卦は上卦を雷とし、下卦を澤とす、雷動けば則ち澤水之れが爲めに動搖す、女の挑むべきに似たり、又兌の少女を以て震の長男に下る、少女長男に嫁するの義、又兌は悦び、震は動く、夫婦の道、悦びて動けば、其情相和し、其道長久なり故に名けて歸妹と曰ふ、歸妹征凶と云ふものは、蓋し此卦少長偶に非ず、夫婦の正しからざるものなり、又此卦三は兌の主爻にして、四は震の主爻なれども共に正位を失へり、是れ色欲に徇ひ、正道を失ひ、私情を肆まにして配偶を擇まず、婚姻の正禮に悖るもの、且三四兩爻共に應位の助けなし、故に无攸利と云ふ、按ずるに彖辭凶と言ふものは、未だ不利を言ふものは、此卦凶と不利とを兼ぬるものは、前述の義あるに由る、六十四卦中未だ此くの若き醜きものあらざるなり

【運氣】此卦に遇ふときは、悦を以て進み不正に失し、不時に禍災あり、相談契約其期を失ひ願望等は妨げありて成らず、正直にして却て困難するの時とす、百事未を保たず、故は親しき人も變心して我に與せず、圖らざることより爭論等を生ずることあり、又散財女難等あるの時とす、又進むに過ぎて本に反ること能はざるの意あり

初解 婦人に付口舌爭論を注意すべし

四臨 進み過ぎて退き難く後悔あらん

二震 性急は宜しからず後に吉を得る也

五兌 養子又は別家等の相談あり

三大壯 書籍印形等の間違を注意すべし

上睽 我が意見を出す時は損害あり愼むべし

物價

此卦は兌の少女を以て長男に下る是れ
少女を以て長男に歸りの義なり故に歸り
妹と名く、相場に於ては保合の象なるも不時に
遂に下る事あり變動多し氣配は強氣に見るも不時在て
下る又弱氣見にても急に又上る事あり占者活斷に
注意すべし

初爻變　其初め安き保合ふも遂に上るべし
二爻變　往來ありて少しく高くなるべし
三爻變　人氣強くして次第に上進となる
四爻變　保合ふて遂に上るべし
五爻變　不時在て急騰の變あるも永く保たず
上爻變　高きも後に安し下るべし

天時	雨ふりて雷氣あり	待人	來るべし	出産	難みり
疾病	凶し性意すべし	移轉	止むに宜し	走人	婦人なれば尋ね難し
醫方	辰巳の方求むべし北のに方惡し	願望	妨げありて成り難し	婚姻	成れども後に凶
勝負	凶し	失物	急に知れ難し	訴訟	和するに利し
旅行	女子と同行す可からず	盗賊	捕へ難し	夢	跡方もなきこと見るべし又後には宜し

賣買

賣買　は餘り宜しからず進退に注意せらるべ
し兎角是非ありて勞して功のなき事あ
り各爻に依て方針を決すべし此卦二爻と四爻とは
陽を以て陰に居り、男不正を以て女に從ふなり、
三爻と五爻とは陰を以て陽に居る、女不正を以て
夫に從ふなり、上卦は六五を以て下
卦は六三を以て九二に乗る、夫にして九四に乗り、
婦其夫を制す、陰反りて上に居り、陽降りて初に
居る、皆其漸を失ふ、故に漸の六爻吉多く、上に
至りて愈吉、此卦は初爻のみ獨り吉、上に至りて
は則ち利しき攸なきなり

離下 震上 雷火豊 （第五十五）

豊亨、王假之、勿憂宜日中、

此卦は震を上にし、離を下にす、離日震動體を合せ、日天上に動き、普く四海を照らし、光明盛大なるの象故に名づけで豊と曰ふ、豊亨とは、其義自ら亨通するを謂ふ勿憂とは、聖人其盛極に至らざるを憂ひずして、其既に至るを憂ふ、憂と云ふものは、憂ふること勿るべしとの意に非ず、蓋し此に道あり、必ず憂ひさるべし、其道は如何んと云ふに、此卦離明之を主とり震動之を助く、宜く日の中の方に中するが如く、其明をして及ばざる所なからしむれば、即ち是れ以て其豊亨を保つべし故に宜三日中と云ふなり

【運氣】

此卦に遇ふときは、氣運盛大なるが如しと雖も、盛んなるは衰ふるの始めなれば、百中進むに利しからずして、退くに宜しきの時とす、夫れ財に豊かなるものは昏多く、欲に豊かなるものは乱多し、故に豊の在る所は、憂ひ常に之に伏す、又互卦に大過あり、大過は中を過ぐ日中を過ぐれば則ち昃き月滿を過ぐれば則ち缺く、盈虚消息は自然の運にして、天地鬼神と雖も逃るること能はず、況んや人に於てをや豊の時に當るものは長く此氣運を保たんことを思ひ勤勞儉約を守り愼んで奢心を去るべし

初 小過　愼み薄き人は家人に難事損失あり

四 明夷　凶し何事も愼むべきなり

二 大壯　性急に進むは凶し皆時を待つべし

五 革　　古きを捨てて、新規に就く事吉とす

三 震　　餘り宜しからず愼むべし

上 離　　家内の心配事あり愼むべし

物價

此卦は離明震動明かにして外動くの象なり能く勤むる事あれば百事一失なく

其道甚だ盛大なり故に豐と名く、相場に於ては震雷離火共に進み上る故に高し然しども震雷離火の如きは勢ひ突然にして永續せず即ち高きに得れば安し安きに得れば上るべし高低直巾は二或は七標準

初爻變　高きに見へて後少しく下るべし
二爻變　人氣盛んにして次第に上進すべし
三爻變　往來ありて一旦高きも中途安し後又高し
四爻變　不時在て一旦後高きも又安きに至る
五爻變　小往來ありて保合ふも後少しく高し
上爻變　一時的下りて又高し

天時	夏秋は雷雨其他は晴	待人	來り難し	出産	難みあり
疾病	重くして治し難し	移轉	止むに宜し	走人	知れ難し
醫方	卯辰巳の名醫を求むべし	願望	成れども遲し	婚姻	利しからず
勝負	大概は吉なり	失物	得べし	訴訟	先に吉後に凶し和するに宜し
旅行	途中に障りあり	盗賊	捕へ得べし	夢	心の進むことあるべし或は口舌起る

賣買

は進退共に其の宜しきを得れば利益あるべし各爻に依て宜しく活斷せらるべし、此卦の卦體は明にして動く、動きて爲すことあり、故に亨通して盛大なることを得、初爻は日の初めて出づるが如く、往けば尚ばるゝことあり二爻は日の方に中するが如し、故に孚ありて吉、三爻は明藏はれ、四爻も亦明藏はる、五爻は二と應じ慶譽ありて吉、上爻は豐極まりて凶、六爻皆明の象あれども多くは凶害あり、五爻唯吉を得是れ豐の憂ひある所以なり

艮下 離上 火山旅 （第五十六）

旅ハ、小ク亭リ旅ハ貞ニシテ吉、

此卦艮山下に在り、離火上に在り、火を以て山を焚くの象あり、火の山を焚くや山は止まりて遷らず火は遷りて止まらず、山は猶驛舍のごとく、火は猶旅人のごとく、是れ行旅の義なり、故に名づけて旅と曰ふ、旅は客と爲りて他郷に寄寓するの名なり、旅小亭とは、小にして亭るの義なり夫の旅客の東西に奔走し、風に櫛り雨に沐するが如き、安處するものに非ざれば、旅の道は小にして亭通するものなり、且旅に處するの道は、柔中にして和順なるに宜く、苟も貞正ならざるときは、疎隔して患難を生ずることあり、故に旅貞吉と云ひ深く之を戒むるなり

【運氣】 此卦に遇ふときは、異郷に在るが如く、百事意の如くならずして、住處等に關し辛勞多きの時とす、又始め吉にして後に憂ひあるの卦なれば、常に戒愼すべきなり、又旅の事たるや、父母を離れ鄉里に背き、流寓して他邦に在るものなれば、其窮厄して亨らざること、亦怪しむに足らず、其亨らざるの地に於て、其享らんことを求めば、唯柔和にして世を渉り、明察にして幾を審かにするに在るのみ、然るときは、縱ひ大に得ること能はざるも、亦少く享るべし、旅の貞吉なるもの、此に在り、旅の時に處するもゝ假ひ家に在りと雖も、宜し此義を體すべきなり

四 艮 不正なる身分に災難多し

初 離 不貞なれば不計心勞あり愼むべし

五 遯 障り事生じて事の成らず

二 鼎 進退共に時節を待つべし後に吉

三 晉 住所に少しく心勞あり小より大に至る注意

上 小過 心中定まり難し印形書籍の間違い注意

物價

此卦は離火艮山の上に在りて火山を焚くの象あり。火の山を焚くや山は止り て還らず火は還りて尚ほ旅人の如く是れ即ち旅行 の義と名く、相場に於ては離火艮山を焚き上るの 象にして上進するの時とす然れども大に上るもの に非ず占者活断に注意高低直巾は四又は九數標準

初爻變 初めは保合なるも遂に上進すべし
二爻變 次第に上進す或は又急騰の事もあり
三爻變 次第に高し人氣と共に上るべし
四爻變 保合よくして上らず
五爻變 強氣に見へて動く事なく遂に保合べし
上爻變 安し一時上るも後に又下るべし

賣買

は自已の意見を以て進むは甚だ宜しからず總て目上の意見に從つて進むべし

此卦下卦を旅客遠行の象と爲し、上卦を旅舍のしと爲し、互ひに大過あるを、道路を行くの象と爲す、故に六爻柔を吉と爲し剛を以て凶と爲す、初爻は下に居り、旅の微賤なるものなり、二爻は柔中にして兼ね得るものなり、三爻は剛に過ぎて喪ふことあるものなり、四爻は剛を以て柔に居り、得ると雖も快からざるものなり、五爻は柔中、少く費やして大に得るものなり、上爻は剛にして高きに居り大に喪ふことありて凶なるものなり、之を要するに明なるものは譽れあり、昏なるものは災あり、柔なるは得て、剛なるは喪ふものなり。

天時 晴る	疾病 凶し	醫方 丑寅の方を求むべし	勝負 凶し	旅行 止むに宜し北方は尤も凶
待人 遅く來る	移轉 吉	願望 小事は成り大事は成り難し	失物 急に尋ぬれば得べし	盗賊 捕へ難し
出産 安し	走人 遠所に去る急に知れ難し	婚姻 大家に利あらず	訴訟 和するに宜し否れば災あり	夢 天象か旅行などのことを見るべし

巽下　巽上　巽爲風　（第五十七）

巽、小亨、利有攸往、利見大人、

此卦重巽なるを以て、亦巽と名づく、二陽上に在りて、一陰下に伏す、其德を入と爲し、又伏と爲す即ち巽順恭服の意あり、故に風に象どり、卑順を以て體と爲し、容入を以て用と爲す、巽小亨とは凡そ天下百般の事、一に巽從するときは、亨通するの理あり、然れども巽從の道は、己れを屈して他に由るものにして、自ら主宰と爲りて義を制するに非ず、是を以て小亨を得れども、元亨を得ず、故に小亨と云ふ、而して從ひ爲すの道は、大人を擇みて從はんことを要す、否ざれば從ふと雖も功なきを以て利ν有ν往、利見ν大人と云ふなり

【運氣】此卦に遇ふときは、卦德の遜順に法とり、人に從ひて事を爲すに利きの時とす、夫の能く卑巽するもの人、皆容れざるなし、是れ人事巽を用ふるの善なるものなり、然れども剛に附きて立ち、自ら樹立すること能はざるなり、又全卦風の象なれば志望の類、便宜を得、今一段に及び空く手に入り難きの理あり、或は遠きに行き、又は遠きより歸る等、家內に出入あるの時なり、事の成らんとして、遲滯する意あり、都て己れを捨てゝ他に順へば、久しからずして助けあるの時なり

初　小過　色情に慎むべし又親し人と不和あり

二　漸　貞正なる時は目上の引立を得るべし

三　渙　妄りに動くは凶し勞して功なき事あり

四　姤　勞して功なし婦人の爲損失慎むべし

五　蠱　不圖とした事より爭論を注意せよ

上　井　何事も新規は凶し舊業を守るを吉

物價

此卦は兌は説なり一陰の卑賤なるを以て二陽の尊貴の上に進む卑しき者尊貴の上に在れば其情必ず説ぶ兌は本八卦の名重兌なる故に兌と名く、相塲に於ては安き時にして十中八九迄は底直と爲して是より改めて上進するものとす此卦高低直巾は三或は八の數を以て標準とす

初爻變　保合て上る景氣ありて動かず
二爻變　漸次高きに至るべし
三爻變　初めは強氣に見へて上るも後に下るべし
四爻變　少しく景氣に見へて保合ふべし
五爻變　不時在て大高下す一時的高きも遂に下る
上爻變　高下保合て安すし

賣買

共に其進退の宜しきを得るれば大に利益あるの時なり此卦は卦德柔を以て剛に順ふ、故に六爻吉多し、初爻の進退、二爻の紛若其謀ること審かなり、三爻は剛にして中ならず是を以て謀ること能はず、又斷ずること能はず、志窮まりて吝なるものなり、四爻は重巽の主、斷ずるを以て功あるものなり、五爻は中正にして尊位に居り、志行はれて貞吉なるものなり、凡そ六十四卦中九五に於て、貞吉悔亡ぶの辭を係くるもの唯此一卦のみ、上爻は卦の極に居り、事に任じて益勇決すべきの時に當り、巽懦にして能なく自ら退伏に甘んじ、貞凶なるものなり

天時	風ふく
疾病	危し
醫方	藥違のことあらん名醫を求むべし
勝負	大概は吉なり
旅行	北方に宜しからず二人同行に宜し
待人	來る
移轉	二人同居の象人の意見に從ふべし
願望	半を得べし
失物	出難し
盜賊	捕へ得べし
出産	五爻變は難みあり
走人	後に知るべし
婚姻	先きに難くし後に利し
訴訟	和するに宜し
夢	高き處を見るか又脈かなる事を見るべし

兌下 兌上　**兌爲澤**（第五十八）

兌亨、利貞。

此卦重兌なるを以て、亦兌と名づく、一陰を以て二陽の上に進む、其德を悦と爲し、其象を澤と爲す、人に在りては少女と爲す、人に悦ばるゝもの、少女に如くはなし、上下皆兌なれば、則ち悦ぶの義と爲す、兌の字、口に从ひ八に从ふ、八は口の旁の縱理なり、人怡悦するときは、氣を舒べ顏を解き、口旁の縱理露出するの義に取る、兌亨とは、天地悦べば則ち萬物生じ、人心悦べば則ち萬事通ず、故に亨と云ふ、然れども悦ぶの道、必ず貞正なるに利し、若し説ぶに其道を以てせざれば、則ち妄悦と爲す戒めざる可らず、故に六爻分ちて利貞の事を言ひ、象にも利貞と云ふなり

【運氣】此卦に遇ふときは、喜びの外に顯るゝ意あれども、事物に規律なくして、久く要領を得ざるの時とす、又外見善くして内心不善なる意あり、蓋し兌は時に於て秋と爲し、萬物秋に至りて成熟し人其品物を得、其豐盈を悦ぶ、是れ悦ぶ所以なり、又兌の口舌と爲す、笑言口より出づるなり、故に貞正なれば、則ち時運平安、能く衆人の歡心を得て、自然に吉事あるべしと雖も、貞正ならずして信義を失ひ、或は外貌のみを飾り、容悦を以て工と爲し偽りて而して悦びを求むるときは、始め樂むが如きとありと雖も必ず苦むべし此れ利貞の戒めある所以なり

初困　不正にて我意の強き時は損失あり

二隨　舊業を守る時は次第に吉事あるべし

三夬　住所に心勞あるも追て幸運となるべし

四節　横合より邪魔あるを用心すべし

五歸妹　婦人の爲に災ひあり注意せらるべし

上履　我意を出さず目上の意見に順ふべし

物價

此卦は一陰の卑賤を以て二陽尊貴の上に進む卑き物貴き者の上に在れば其の情必ず說ぶ兌は本八卦の名なり重兌なる故に兌と名く、相塲に於ては安き卦なるも十中の八九は底直を打つ事あり保合又は急落は底直或は急騰も又下る事多し此卦高低直巾は三或は八を以て標準也

初爻變　初めは強氣なるも遂に下るべし
二爻變　少しく強氣に見へるも遂に安かるべし
三爻變　少しく強きなるも又下りて保ふべし
四爻變　強氣に見るも景氣立ち難し
五爻變　不時入りて高下すべし保合ふべし
上爻變　保合ふ變動少なし安すし

天時　雨ふる	待人　來る	出產　平
疾病　重くして危し	移轉　北方は凶他は吉	走人　尋ね得べし
醫方　東の方名醫を求むべし	願望　成り難し	婚姻　成る口舌あり
勝負　半吉也	失物　急に出で難し	訴訟　和するに宜し
旅行　損失あれども又善びあり	盜賊　捕へがたし	夢　悅ぶことあり但し女難を戒む

賣買

賣買は、反復ありて兌角思ふ樣に行かぬ意あり、進退共に各爻に依て決せらるべし

此卦は四剛皆君子にして、二柔を小人と爲す、初爻は和して兌ぶ、象辭の貞を得るものなり、二爻は孚にして兌ぶ、象辭の貞を得るなり、三爻の來り兌ぶは、陰柔を以て人の悅びを來たし、詐僞の風あるを以て凶なるものなり、四爻の說びは說び利に在るものなり、五爻の鷹きは其貞を取るなり、上爻の引きて兌ぶは、未だ吉凶を言はずと雖も、上亦三と同體にして、三既に不正なるに上又之を引きて己に應せしめんとす後事の失亦免かれ難し

坎下
巽上

風水渙 （第五十九）

渙、亨、王假二有廟一、利レ渉二大川一、利レ貞、

此卦、巽を上にし、坎を下にす、風、水上を行くの象とす、水、風に遇へは則ち渙散す、故に名づけて渙と曰ふ、渙は流散の義なり、渙亨とは、其險難するを以てなり、而して世道の興廢は人心の聚散に由る、王者渙の時に當り、其己に渙散せんとする祖考の神靈を祭祀し、其德に服する義なり

【運氣】

此卦に遇ふときは、我れ難み、彼れ順ふの象なるを以て、困難に陷ると雖も、其難み渙散するの時とす、故に憂患身を離れて心を安んずるの意あれども物の散亂する義あれば損失に注意すべきの時なり、又巽木を以て坎水の上を行き舟揖を以て遠方に交渉するの象あれば濟國に關することに利し抑此卦兑に次ぐ悦びて後に散ずるなり、人事に在りては、一身の患ふる所、胸懷暢びざれば疾を生じ意氣舒びざれば、爭ひ啓く、一家の患ふる所は、內外間隔すれば則ち弊成り、上下壅阻すれば則ち乱作る之を渙散すれば、則ち百弊解散して萬事亨通す、倒へば雲霧の陰冥なる、風を得て消解するが如く、溝汚濁なる、水を得て流通するが如し、故に渙を以て己れを處すれば則ち心平か、渙以て人を待てば則ち情洽く一たび疑慮を生ずるも、渙然氷解して其用窮りなかるべきなり

初 | 中孚 | 不斗性急の難みあり注意せらるべし
中 | 觀 | 間違ひ事を用心し後に吉事ある
　 | 巽 | 物事性急は凶し靜に時を待つ時は次第に吉
四 | 訟 | 口舌爭論又は訴證事を注意すべし
　 | 蒙 | 舊業を守るに宜しく次第に吉兆を得
上 | 坎 | 不貞の人は盜難を防ぐ注意せよ

物價

此卦は巽風坎水の上に在り夫れ風の水
上を行くや水必ず風に散さる故に漁と
名く、相場に於ては巽風坎水を吹き散するが如く
上進する象にして下るでし即ち急騰のある時は下
落す又下落續きたる時は底直となるべし占者活斷
に注意ずべし此卦高低直巾は四或は九を標準とす

初爻變　小高下にして高し然れど水く保たず
二爻變　動きありて強氣保合ふ事ある
三爻變　其初めは下りて後に少しく上るべし
四爻變　強氣に見へて安し下る保合ふ事多し
五爻變　保合ふて下落するも又上るべし
上爻變　下るべし多くは底直となる事あるべし

賣買

成り難し進退共に注意を要すべし初爻
然れども、幸ひに救ひを得て危きを得るも
のなり、二爻は陽を以て陰に居り危きを
得り、ごとく出亡づ所なし三爻は坎險の時に陷り
身をして忘るゝものなり、僅に陽剛の地位を
はり成卦の主爻として信任を得て困苦を
通を忘じ化して先意の見を出でゝ坎險を
りて尊位に居り濟りて天下の險を脫し大
のて險外に居り濟を超て然として遠ざか
くて答なきものなり

天時	待人	出產
大雨五日の後晴る	急に來らず五爻變は來る	男を得或は育し難し

疾病	移轉	走人
轉地に宜し	吉但凶方を避くべし	信りあれば速に尋ぬべし

醫方	願望	婚姻
辰巳の方吉	二人にて謀るに吉	三人の媒を用ひて成るべし

負勝	失物	訴訟
凶し	水邊を尋ね得べし	緩きに宜し急なるに凶

旅行	盜賊	夢
遠行に宜しからず	速に尋ぬるに宜し	憂苦を散することあるべし

兌下
坎上　水澤節（第六十）

節亨苦節不可貞

此卦二陽二陰一陽一陰を以て上り、疎密宜きを得、竹節の至りて均く分限ありて踰越すべからざるが如く、又二體を以て言へば兌下坎上、坎水の流るゝや窮りなくして、兌澤の流るゝや限りなきを畜ふ、故に名づけて節と曰ふ、又互卦に艮震あり、艮は止り、震は行く、行くべきときは則ち行き止るべきときは則ち止る行止中を得亦節の義なり、節亨とは、其過ぐるを抑へて之を中に歸するなり、若し枉れるを矯めて直きに過ぎ、固く執りて自ら守るときは節も亦苦し、節にして苦しければ則ち人を處するの餘地なく亦自ら處するの道なく窮して入る所なきに至る故に苦節不可貞と云ふなり

【運氣】

此卦に遇ふときは竹の節あるが如く度に中り分に適し限りありて止まるの意あれば自然と程よきことあれども、多くは物に限りありて止められ志を得ざるの時とす、蓋し節の道例へば飲食節ゎらずして疾を致し、財用節あらずして家を敗る、然れども之を矯むるもの、食を絶ち財を惜み欲を絶つが如きは却て窮するものなれば此義知るべからず、若し固く執りて自ら守り節に過ぐるときは人を處するの地なく亦自ら處するの餘地なかるべし

初坎
憂苦災難を主どり萬事進むに吉

二屯
性急は惡し何事も進んで功なし

三需
舊業を守る時は後日に喜びことあり

四兌
家事に喜悦事あり萬事進むに吉

五臨
性急は凶しも日を追て成るの時なり

上中孚
貞明賢固なる人は追て喜び事あり

物價

此卦は坎水澤上の上に在り水の澤に在るも多ければ溢れ少きは益く能く其量を節して分に應じて蓄ふるの象とす相場に於ては不時を云つて高下あるも遂に下るべし即ち急落は底を打つ事あり又動かざるの象もある占者斷案に注意せよ此卦高底直巾二或は七の數を標準とす

初爻變　強氣に見るも破亂大に下落すべし
二爻變　強氣上進の勢ひあるも強氣保合ふべし
三爻變　少しく強氣に見るも格別の變化なし
四爻變　小高下にして下る事多し
五爻變　強氣に見へて下る
上爻變　初めは強氣なるも遂に下る保合ふべし

賣買

餘り宜しからず勞して功のなき意あれば各爻に依りて進退を決すべし初爻は坎の水初て至る、之を塞ぎて以て其漏を防ぐ、故に出でずして咎なし、二爻は水已に盛んなり、宜く之を通ずべくして塞ぐ、是れ塞ぐことのみを知りて、通ずることを知らざるなり、故に時を失ひて凶、三爻は塞がずして嗟く、咎むるも復何の辭あらん、四爻は塞ぎて能く安んじ享るものなり、五爻は全卦の主中正にして以て通ずるものなり、上爻は通せず是れ苦節にして凶なるものなり易道盈つることを戒め節以て盈つるを防ぎ然れども節の過ぐる亦凶咎を免れ難し以つて中を貴ぶなり

天時 忽ち雨忽ち晴る	待人 來りがたし	出産 男を得て吉
疾病 急に治し難し	移轉 吉盗難を防ぐべし	走人 急に尋ぬべし
醫方 丑寅未申に宜し	願望 時至りて遂ぐべし	婚姻 速なるに吉
勝負 大概は吉也	失物 急に東南を尋ぬべし	訴訟 女子の障碍を防ぐべし
旅行 宜しからず	盗賊 急に求むれば得べし	夢 水難を防ぐべし

巽下　坤上　風澤中孚　（第六十一）

中孚豚魚吉利渉大川利貞、

此卦は、巽を上にし兌を下にす、巽風の時に應する、四時其候を惑らざるは、風の信なり、兌澤の水を受くる、朝潮夕汐其期を爽へざるは、澤の信なり、且二陰中に在るは中虚の象、二五皆陽なるは中實の象中虚は無信の信中實は有信の信なり、中虚は信の本なり、中實は信の質なり、有心無心の信皆全備す

又此卦全體の離にして離は心なり信は心に固有するものなり、故に名づけて中孚と曰ふ

【運氣】　此卦に遇ふときは、正直なれば吉なれども邪曲なるときは大凶なりとす、而して其の相應するものに善と不善とあれば、熟察せざるべからず、抑も此卦三四の二爻陰柔にして、合ふて兩體の内に在り、二五の二爻陽剛にして各一卦の中に居り、柔内剛中上巽び下悦び相輔けて行き、天下の順ふ所に乗り、天下の悦ぶ所を行ふ、卦體中虚、虚舟の風に隨ひて往來し、波と上下し天に任せて行くが如し其心を以て往けば危しと雖も渉るべく往くとして利しからざるなし

初渙　心中安からず事の性急凶注意すべし

四履　家内に苦舌又勞して功のなき事あり

二益　貞正なれば次第に吉事あるべし

五損　物事性急は凶し後日吉事あるべし

三渙　性急短慮なる時は事仕損ずる事あり

上節　餘り宜しからず注意して後に吉也

物價

此卦は二陽内に在り四陰上に在り二五中に保合て後少しく上進するの時とす直巾は一六の敷を標準とす

字は離を心とす信は即ち心に固有する故に中字と名く、相場に於ては上るが如くなるも上らず大勢に保合て後少しく上進するの時とす直巾は一六の敷を標準とす

- 初爻變　初めは強氣に見へて後に下るべし
- 二爻變　高下往來ありて遂に保合ふべし
- 三爻變　保合も次第に強氣に至るべし
- 四爻變　上進する景氣あるも却て下落すべし
- 五爻變　初め強きも中途に弱き追て上るべし
- 上爻變　小高下強きに見るも後に下落する事多し

賣買

は性急は宜しからず追々時節を待つて進むべし。初爻は鳥の子を伏する象どる其心專一に它あれば燕からず。二爻は卵の伏を受くるに象どる其化將に成らんとす故に鳴鶴陰に在りて成敗在り之を和すと云ふ。三爻は子の殼に在りて成敗憂ふべきに象どる敵を得るの辭あり。四爻は卵の將に成らんとするに象どる故に月望に幾かしの辭あり。五爻は雛鳥の群を成し飲啄相呼ぶに象どる故に孚あり攣如の辭あり。上爻は雛の飛ぶに習ひ其音を下上するに象どる故に翰音天に登るの辭あり初は位を得二は中を得四五は位に當る故に初二四五は孚の善なるものなり三上は位に當らず故に孚の不善なるものなり

項目	占	項目	占	項目	占
天時	風ありて雨を含む	待人	來る	出産	安し女を得べし
疾病	多くは凶	移轉	止むに宜し	走人	知れ難し
醫方	外科を兼ねたる醫にて未中の方に求むべし	願望	成るべし	婚姻	成れども可ならず
勝負	大抵は吉なり	失物	出がたし	訴訟	急なるに利し遲きは凶
旅行	吉	盜賊	急に上らず五爻變は上る	夢	吉夢なり信心深き人は貴人の引立に逢ふ

艮下 震上 **雷山 小過**（第六十二）

小過、亨、利貞、可小事、不可大事、飛鳥遺之音、不宜上、宜下、大吉、

此卦は震を上にし、艮を下にす、震は動き、艮は止まる、動止宜く其中を得べし、若し過ぎて動き、過ぎて止まるときは皆過なり。又全體に在りては、二陽内に在り、四陰外に在り、陰の陽に過ぐるものとす陽は大なり。陰は小なり、過ぐる所皆小事に在り、故に名づけて小過と曰ふ。小過は少しく過ぐる義なり、蓋し小人多くして君子寡きの時なり、陽剛の君子、善く陰柔の小人を遇すべきを以て亨ると云ふ事は則ち吉ならざることなきなり

【運氣】 此卦に遇ふときは、小事に宜く、大事に可ならざるの時とす、又飛鳥の象あれば、鳥の飛ぶを目に見、其聲を耳に聞けども、手に取ることは能はざるの意ありて、常に不足のことを生じ、萬事成らんとして成り難きの意あり、上るに宜しからず、下るに宜しきの義を人事に見れば、驕り亢れば則ち危く、遜順なれば則ち安きに喩ふ、蓋し謙卑にして人に下るものは、大任に當ることを能はずと雖も、小事は則ち吉ならざることなきなり

初豐　盛んなり過ぎて心の落着ざる事あり

二恒　家内に喜び事あり萬事進で吉也

三豫　婦人に付心勞あり注意すべし

四謙　諸事進んで宜しく目上の引立に遇ふべし

五咸　婚姻養子事の世話事吉也

上旅　不圖病苦或は損失あり愼むべきなり

物價

此卦は二陽内に在り四陰外に在り主は
内にして外は客なり陽は強く陰は弱し
四陰多しと雖も弱くして且つ輕し過ぎる事能はず故
に小過と名く相塲に於ては上進する景氣ありて後
に下るべし格別の高下なく遂に保合つ事多し此卦
高低共直巾三或は八の數を以て標準とす

初爻變　強氣に見るも高からず即ち秋は急騰の事
二爻變　初めは強氣なるも後には下るべし
三爻變　初めは安氣配なるも追々上進に至るべし
四爻變　定め難し多くは保合ふ事多かるべし
五爻變　強氣に見るも遂に下るべし
上爻變　一旦は高き体なるも日を追て下落すべし

賣買

餘り宜しからず賣買共に注意せざれば
勞して功なし是れ大事に宜しか
らず小事に吉なれば何事も注意すべきなり各爻に
進退を決せらるべし此卦は皆鳥の象を取る初上外
に在り翼の象にして皆凶二五を翼と爲す、二は答
なく五は中と雖も功なし、是れ上下の別なり。三
四を身と爲す、三は艮止の主動くと雖も下に應
て上に應ず、故に凶四は震の主動まること能はず
す、故に答なし上れば逆ふて下れば順ふの道是れ
に由るなり

天時	五爻は雨ふるも久しくして晴る	待人	遅し二三四五爻は來る	出產	難みあり
疾病	重けれども治すべし	移轉	利あらず	走人	急に知れがたし
醫方	東南の方に求むべし	願望	成りがたし	婚姻	成りがたし
勝負	吉なり	失物	得難し	訴訟	和睦に宜し
旅行	難あり止むに宜し	盜賊	捕へたし	夢	旅に出ることあらん見合すべし

離下 坎上 **水火既濟** （第六十三）

既濟亨、小利貞初吉終乱、

此卦は坎水上に在り、離火下に在り、水火の二物相資けて用を爲し、以て既濟の功を成すことを得るの象、故に名づけて既濟と曰ふ。既濟とは既に濟るなり、こヽなふなり、然れども此卦事既に成り遂ぐるを以て今より衰ふるの意あり、小利貞とは、陽を爲し陰を小と爲す、既濟の享るを致す所以のものは、原と六爻兩々相應じて、位に居ること各正しければなり、泰の如きは、六爻相應ずと雖も、二五尚處ること其位に非ず、六十四卦中、此卦最も正しく既濟の德泰より優れりとなす

【運氣】此卦に遇ふときは、事既に濟るの後なるの意を以て、禍を防ぎ患ひを慮ることを忘らざるべし、然るときは其吉を保つべし、抑も既濟未濟の二卦は、易上下經に終りに處り、其處皆諸れを坎離に取る坎離は水火に象どり、人生の大用なり、水、火を得れば、寒からずして、資生の利普く、火、水を得れば、燥かずして、烹飪の功成る、水火相濟す、故に既濟と曰ふ、然れども此時に當り、徒らに目前に拘はり、志滿ち氣盈ち、之を保つの道を失ふときは、乱、此れより起る、凡そ人事の初めあらざることなくして、終りあること鮮きもの、此卦を見て戒むる所あるべきなり

初蹇 不貞なる時は次第に困難に陷ふるべし

二需 性急なるは凶し何事も時を往つべし

三屯 妄りに變動すべからず愼むべきなり

四萃 目上の賢者に順ふ時は次第に吉兆を得

五明夷 一時的苦心するも後に出世すべし

上家人 親しき人又は家内に喜び事あり

物價

此卦は坎水離火相對すと雖も潤下の水は下に在り炎上の火は上に在り水火未だ交らず今來りて既濟となれば水火相交る事を成す故に既濟と名く、相場に於ては高下保合の象なり一陰一陽にして高下少なし少し下りて又上る事多し高低共直市は二或は七の數を標準とす

初爻變　保合多くして動く事なり後に下るべし
二爻變　人氣少しく強氣の兆あるも保合ふべし
三爻變　強氣に見て安し下る事多かるべし
四爻變　不時を云て相場改まる急騰あるも後安し
五爻變　強氣に見て安し一時宜きも遂に安し
上爻變　初め強氣なるも遂又下るべし

賣買

は我意を用へず貴人の引立を得て成るべし各爻に依りて進退を決すべし此卦を通觀するときは六爻の孜々として濟を保つもの各次序あり。初爻は濟の始め力めて求むるものなり。二爻は濟の中を得其濟を失はばるものなり。三爻は濟の險を渉る其濟甚だ難きものなり。四爻は濟の時に處し其濟りて復失はんことを恐るゝものなり。五爻は濟の福を受け其濟の時に合ふことを喜ぶものなり、上爻は濟の極に當り其濟の久しからざるを應ずるものなり

天時	雨ふる	待人	來りがたし	出産	少し障りあるべし
疾病	長くして治しがたし	移轉	佳ならず	走人	知るべし
醫方	東南に求む老人宜し	願望	成りがたし	婚姻	急なるに凶遅きに吉
勝負	凶し	失物	出で難し	訴訟	後に和すべし
旅行	獨行に宜しからず	盗賊	捕へ得べし	夢	不圖爭ひを起すことありと注意すべし

坎下 離上 **火水未濟** （第六十四）

未濟亨、小狐汔濟濡其尾、无攸利、

此卦は離火上に在り、坎水下に在り、水火未だ交らずして、烹飪の用を成さず、故に名づけて未濟と曰ふ、未濟とは未だ濟らざるなり、然れども是れよりの後、水火相交りて事を濟すに至るの義あれば、亨ると云ふ、小狐汔濟濡其尾とは凡そ狐の水を渉る、老狐は思慮深ければ、容易に渉らされども、小狐は思慮淺く、輕卒なるを以て、水の淺深廣狹を顧みず、妄りに渉らんとするものなり、然るに其尾豐大なれば水を渉るに臨みては、精力の消耗せる徵候にして、遂に氣勢に堪へず、渉ることを得ざるものなり、故に无攸利と云ふ、汔は機なり、井の卦、汔至の汔と同し

【運氣】 此卦に遇ふときは、事未だ濟らずと雖も、勉めて其濟ることを期すれば、一時濟らずと雖も、終に必ず濟ることあるの時とす、若し未濟に安んじて、其濟ることを求めざれば、亦未濟に終るべし、夫れ人の世を渉る、險なきこと能はず、險に當りては、其濟を求めざること能はず、未濟の時に處するもの能く險を渉りて險の外に出で、必ず彼岸に達せんことを求め中道にして盡らずんば、未濟より進みて既濟となり、復何れに往くとして利しからざることあらん

初睽 不斗女難を愼むべし心勞多し

我意は損あり目上の人に順ふて吉

四蒙 我意は損あり目上の人に順ふて吉

二晉 貞正にして進むに宜しく後に吉兆あり

五證 親しき人と不斗口舌を注意すべし

三鼎 信心深き人家内に幸ひ事あるべし

上解 常業を守るに宜しく他に求むるは凶し

物價

此卦は離火上に在りて水火交はらず
水火交はれば万物生育す水火交はらざ
れば萬物生育せず故に未濟と名く、相場に於ては
高下保合多き象にして其大勢は下落する時とは此
卦高低直巾は四或は九の數を標準とすべし

- 初爻變　初めは安保合も後少しく上りて往來あり
- 二爻變　必ず高かるべし
- 三爻變　新規の事を云て不時變動あるも遂に下る
- 四爻變　强氣に見て下るべし
- 五爻變　初め强氣に見て下る事多し
- 上爻變　一時的高き事あるも後又下るべし

項目	占	項目	占
天時	雨ふる	待人	來らず
疾病	治し難し	移轉	止むに宜し
醫方	北の方にて名醫を求むべし	願望	成る
勝負	凶し	失物	得べし
旅行	止むに宜し遠方は尤も凶	盗賊	捕へ得べし
出産	安し	走人	自ら回るべし
婚姻	始め成り難くして後に成るべし	訴訟	和するに宜し
夢	婦人に付て口舌あらん又疾難あらん		

賣買

は先に難くして後に易し、初は尾を濡
すは濟の具なきなり、二は輪を曳く濟の
具あるなり、三は川を渉る躁動するが故に凶内卦
三爻あり皆濟らんと欲して未濟なり故に凶
未濟にして以て志を得るなり、五は輝
光して節を以て失ふなり外卦三
四は賞あり孚あり震伐して以て吉を得るなり、上は首を濡す未濟
飲食して既濟と爲るものなり、初爻
より進み故に皆濟貞吉と曰ふ初と四二五を
應すと雖も初は濟の中を得
初は濟の始めに當り三と上は皆濟極位に處る三は未濟
四の吉に如かず、三と上は未濟
の吉に如かず、上九は既濟極位に處る三は未濟
を以て利を失ひ、上は既濟を以て節を言ふ、皆戒
めを示す所以なり、三は既濟を以て終りと爲す乃ち終りとして
易の道終らざるを以て乾に牙首と云ひ坤に尢終と
始めに非るはなし故に乾に牙終と

易に依る相場高低の判斷

古來易學に依る相場高低の判斷法を研究したる人は其數多く、從つて色々の說を發表して居るが、相場の判斷は立筮の方法とか、又は卦面の制定法とか云ふ樣な形式的の方面は末の事であつて、根本的に大切なことは易を立てる時に於ける、立筮者の精神統一である。從つて平素の精神修養が最も大切であると信ずるのである。

精神修養とは即ち朝夕神明を信仰して其の冥加威德を仰ぎ以て其の使命を守るのである。

卜筮は神明に醐醋するの道にして殊に相場の判斷は一獲萬金を豫言するの大業である、故に平素神明に誓ひて神聖なる精神修養が充分に積まれて居り、心に一點の曇がなく、易を立てる時に至誠一心が完全に出來て居るならば其の得た所の卦に依て正確なる判斷が出來るのである、斯の如く完全なる精神統一に依て神聖なる易を得た上で色々な說を研究して是に適用して以て判斷を下すのである。易は必ず的中るべきが當然である。的中らぬは却て不思議と云つてよいのである。的中らぬは其立筮者の精神統一の不確實に依るものである。即ち相場高低の判斷の正確を得るには、精神統一が基で在つて、形式は末である、本書の項目に於ける、相場高低の判斷、は予が多年の研究と、實驗上から述べたのである、之に依て判斷せらるゝ時は百幾百中萬が一にも間違ひないのである。

相場高低一年中の見方

易學に依る相場の一ケ年中の高低變動を觀測するには假りに水天需䷄卦を以て上半年とし、坎の外卦を以て下半年と定むべし、又一ケ月なれば内卦を上半月とし、外卦を下半月と定め又一日なれば内卦を前場とし、外卦を後場と定めて應用すべし又一ケ年中の變動を測るには䷀此の如く二畫宛を以て圖の如き、天、地、人、の三才に分ち變の付く所に依りて能く觀察すべし、即ち天の二畫の中に變爻付くときは、天變に依りて、豊凶に係はる變と知るべし又地の二畫の中に變爻付くときは、地に關する變ありと知るべし、又人の二畫の中に變爻付くときは、政略又は人氣の變動に依りて變化を起す事と知るべし

次に一ケ年中月割高低割出法は、先づ一ケ年間の大勢を占斷し次で、一月、二月、三月、と十二月の各月々の高低を同樣に占斷して、先に得たる一ケ年間の大勢と考へ合せて之を活斷するのである、其一例を舉げて説明すれば、一ケ年の大勢を占つて、火地普の卦を得、又各月の高低を占つて、一月は地天泰二月は地火明夷、三月は風雷益、四月は天風姤、五月は雷水解、六月は風火家人、七月は山水蹇、八月は水風井、九月は火風鼎・十月は風山漸、十一月は雷澤歸妹、十二月は震爲雷の卦を得たとすれば以上の得卦に基いて本書の相場項目を參照して、一月は初め安く保合も後に上る、二月は初め強氣と見るも

遂に上るべし、三月は次第に強氣に至る、四月は初め保合も遂に上るべし、五月は強氣に見て安すし、
六月は初め保合も遂に昇進す、七月は強氣に見て下落す、八月は初め保合も急騰の事あり、九月は變動
多く急騰あり、十月は人氣安くも實体は上進す、十一月は強氣に見へて降る、十二月は逆に昇進する事
多しと云ふが如くに一ケ年間各月の相場の高低の大勢を判斷するのである、而して一ケ年間の大勢とし
て、最初に火地晋の卦を得で居つて火地晋の卦は初め安くも漸次高調に至るの卦とす各月に之を適用し
て其の高低變動の活斷を爲すのである

相塲高低一ケ月の見方

一ケ月間日割高低法も、一ケ年間月割法と同樣である、先づ一ケ月間の大勢を占ひ、次に一ケ月間各日
の高下を一々占つた上で、一ケ月間の大勢と各日の高下とを照合して割出すのである其の一例を説明す
るに最初一ケ月間の大勢を占つて地風升の卦を得、一日は水天需の卦を得、二日は地火明夷の卦を得、
三日は風山漸の卦を得、四日は地雷復の卦を得、五日は雷天大壯の卦を得だとすれば本書の各項目を參
照し之に準じて月中三十一日毎日の相相强弱の判斷が出來るのである、以上は至誠を盡して其の日其日
の變動を占ふのである

相場の直巾の割出法

易學に依る相場の直巾を年月日と共に其天底を觀察するには實に至難の事であつて、是れには古來易道に依る諸々の方法もあるが、茲に著者の多年に亘る研究に於ても今尚ほ確實に的中せる上に於ては色々と苦心を重ねて居る次第であるが、今日迄の實驗上其最も正確を期することが出來ると信ずるものは易學の數理に依り、本書の各項目にある、六十四卦の象數である、乾爲天の卦なれば三八の數、坤爲地の卦なれば一六の數、水雷屯の卦なれば二或は七の數なり以て直巾の標準を定むべし、各卦皆之に準して見るべし、更に八卦の象數に於ては乾兌は四と九の數、坤艮は五と十の數、震巽は三と八の數、坎は一と六、離は二と七の數を現はすと定め、其の中、乾、震、巽、離、は上る數を現はす、坤、兌、艮、坎は下る數を現はすと定めて、占筮法に依りて高低の直巾を割出すのである、即ち易は至誠感通學にして、之を占ふに際し神前に向ひ信念を籠めて精神統一を行つて卦を起し、乾の卦なれば四と九の數、震又は巽の卦を得れば三と八の數、離の卦を得れば二と七の數だけ上る方へ動くと取り、坤又は艮の卦を得れば五と十の數、兌の卦を得れば四と九の數、坎の卦を得れば一と六の數だけ下る方へ動くと取るのである、茲に注意すべき點に於ては同じ乾の卦を得たるとき、四の數を取るべきか、又は九の數を取るべきか、又九の數を取るべきかと云ふことである、是は其の時の相場の強弱に依て取捨するのである、

其の相場の強氣時は其の度合に依つて四の數を十四とも取り或は二十四とも取り、又九の數を十九とも取り二十九とも取ることがある、是は其の易を立てる人の活斷の如何に依て決するのである、即ち活斷の微妙は茲にあるのてある、其の人の頭腦の働きに依りて至誠を盡して行なつたならば當るのは當然であつて當らぬのは却て不思議と云ふのである故に各自が工夫を凝して活用し其の妙を得たならば物價の如き其の高低が先に前知し賣買共に利殖の道は忽ちにして大利を得る事を茲に述ぶる次第也

〇諸物價の高低に於ては外卦に變あれば下る、內卦に變あれば上る也〇內卦に變あれば上る、外卦に變あれば下る也、一陰一陽の卦は凡そ物價外卦の變は高直なり、又內卦の變は下直なり、乾は高し賣に利あり、坤は安し買に利あり、震は將に上らんとす、巽は將に下らんとす、坎は下て後に上る、離は上て後に下る、艮は賣に利し、兌は買に利し、又乾、震、離、艮、は上に居り易く、乾、巽、坎、兌、は下に止り易し

附言、期米株式は勿論諸物價の判斷は實に六ケ敷大業にて世に是程重大なる判斷は少なし、此判斷を爲すに當る數理と神勅法である、數理は或る程度迄は出來るが、神勅法に於ては何如にしても自から修行し其精神統一を計り以て神聖なる判斷を下すのである、本寮は巨資を投じて其の精神統一を計る道場の設置しあれば來場して其修行を爲めるべし

宿星毎月觀測の傳

二十八宿といふ星辰は常に位地を定めて天象に現出せる著名の星辰にして往古文珠菩薩が香嚴仙人に就き敎示を受けられ宿曜經に記されし所にして人事の吉凶を斷し能く的中せしものなり今此星宿の性質により相場上數年の實驗を加へ其强弱高低を左に記し廣く活用するの便に供す

宿名	性質	毎月相塲强弱高低
角宿	彩畫	此月は新甫强氣配なるも上旬以後は次第に下落す故に上進の高直を賣に利あるべし下旬に引返すことあるも稀なり
亢宿	輕躁	此月は新甫弱氣配なるも次第に上進す故に低落の安直を望み買方針を採るべし月前月上進の高直あれば此月低し
氏宿	剛柔	此月は新甫强氣配なるも次第に上進す故に低落の安直を望み買方針を採るべし且前月高直あるときは此月低落することあり
房宿	悦可	此月は新甫持合强含みなるも上旬以後は下落す故に高直を望み賣方針に利あり月末上進する事とあるも稀なり
心宿	毒害	此月は新甫强氣配なるも上旬以後は低落す故に上進の高直を望み賣方針を探るべし偶下旬に引返すことあるも稀なり

神通忽幾太占實直事　　神成官藏反

尾宿	箕宿	斗宿	牛宿	女宿	虛宿	危宿	室宿	壁宿
毒害	猛惡			輕躁	輕躁	輕躁	猛惡	安重
此月は新甫より強含みあるも遂に下落す故に上進の高直を望み賣方針を採るべし偶月末に上ることあるも稀なり	此月は新甫強氣持合なるも遂に下落す故に上進の高直を賣方針に利あり且八月天災期には暴騰其他は大概下落す	此月は新甫より安含みあるも遂に上進す故に低落の安直を望み買方針に利あるべし偶下旬に低落することあれば注意すべし	此月は新甫安含みなるも漸次上進することとあれば安直買方針を採るべし且前月高直を打ちたるときは此月低落あるべし	此月は新甫より全體弱含みにて次第に低落す初より高直を望み賣方針に利あるべし上進あはる前月低落せしときのみ	此月は新甫より強氣含みなるも遂に上進す故に低落の高低を賣に利あるべし偶前月低落あるときは此月は之に反して上るなり	此月は新甫安含みなるも遂に上進す故に安直を買方針に利あるべし偶前月高直を打ちしときのみなり	此月は新甫強氣なるも上旬より下落することあり故に高直を望み賣方針に利あり偶中旬より上進することあるも稀なり	此月は新甫より漸次上進す低落の安直を望み買方針を採るべし偶低落あるも前身に打つかその他は稀なり

鬼宿 急速	井宿 輕躁	參宿 毒害	觜宿	畢宿 安全	昴宿 剛柔	胃宿 長息	婁宿 急速	奎宿 和善
此月は新甫より弱氣配なるも中旬より上進することあれば上旬の賣も利喰を行ひ低落を待ちて中旬買方針を採るべし	此月は新甫より弱氣配なるも上旬頃より下落す故に上進の高直を望み賣方針に利あるべし月末引返すことあるも稀なり	此月は新甫より弱氣配なるも次第に上進す發會以後安直を望み買ひに利あるべし前月高直を打ちし相場は賣に利あり	此月は新甫より安含みにて下落す故に幾會早々賣方針に吉なるも中旬より又上進することあれば賣買に注意すべし	此月新甫強氣なるも上旬より下落す故に上進の高直を賣るに利あるべし且偶上進のことあるも殆ん稀となり	此月は新甫より上旬弱含みなるも遂に上進す故に買に利ありと雖も前月意外に高きときは此月又下落することあり	此月は新甫より安含み持合なるも次第に上進す故に低落の安直を買ひに利あり偶下落するは前月の高直を打ちしときなり	此月は強氣なるも上旬より下落の月とす故に上進の高直を望み賣方針を探るべし持合多く月末高きことあるも稀なり	此月は新甫より次第に上進す故に低落の安直を望み買方針を探るべし偶低落あるは前月の高直又は十二月の月に多し

二十八宿毎日高低見様の事

宿名	性質	七曜	毎日の高低
星宿	猛惡		此月ば大體強氣なり初めは安氣配なれば買 利あるべし然れども前月の高直を打ちし果は偶下落することあれば注意すべし
張宿	猛惡		此月は新甫強氣配なるも上旬より下落することあり上進の高直を望み賣方針を採らるべし月末上進することあるも稀なり
翼宿	安重		此月は新甫より強氣にて上旬の安直を望み買方針を採らるべし中旬より下旬は持合ふことあるも多くは十二月頃なるべし
軫宿	急速		此月は新甫より大体弱含みの月なり故に賣方針に利あり前月の低落あるときは此月又上進することあり能く先後を考ふべし
角宿	彩畫	木曜	變動極りなき低落の安直を狙ひて買に利あり
亢宿	輕躁	金曜	全体強氣配なり安直を狙ひ買に利あり　△
氏宿	剛柔	土曜	弱氣配持合にて後場に低落あれば前場賣に利あり

房宿	心宿	尾宿	箕宿	斗宿	牛宿	女宿	虛宿	危宿	室宿
悦可	毒害	毒害	猛惡	安重		經躁	輕躁	輕躁	猛惡
日曜	月曜	火曜	水曜	木曜	金曜	土曜	日曜	月曜	火曜
	初め安氣配なるも後に上進すれば前場を買に利あり	強氣配なるも後に下落す故に前場を賣に利あり	初め強氣なるも後に安きこと多し賣に利あり	前場安く後に高し前場買に吉但し後場に急騰のことあり	變動荒し強氣なるも後に安し高直を狙ひ賣に利あり	全体弱含み持合にて後に下落す前場賣に利あり		人氣底強く上進の勢あれば前場安直を買ひに利あり	強氣配なれども後に下落することあれば前場賣に利あり
○ △	○		○ △						

宿	性質	曜日	説明	印
壁宿	安重	水曜	人氣強きも後に下落す前場賣るに利あり但後場往々急騰す	○△
奎宿	和善	木曜	此日は低落あり前場の高直を狙ひ賣に利あり	○△
婁宿	急連	金曜	強氣配なれども往々下落す前場の高直を狙ひ賣に利あり	
胃宿	長急	土曜	全体弱氣配持合にて後に下落す前場を買て賣に利あり	
昴宿	剛柔	日曜		
畢宿	安重	月曜	弱氣配にて低落す前場の高直を賣にあり	
觜宿	和善	火曜	人氣同一持合多し賣買に活氣なきも底堅く買に利あり	
參宿	毒善	水曜	弱含みなる後に上進あれば前場の安きを買に利あり	
井宿	輕躁	木曜	弱含み持合多し前場の高直を狙て賣に利あり	
急宿	急連	金曜	初め弱氣配なるも後に上進す故に前場を買ふに利あり	

宿	性質	曜日	
柳宿	毒害	土曜	前塲高く後安し全体弱含み前塲を賣に利あり
星室	猛惡	日曜	
張宿	猛惡	月曜	前塲低く後に高し前塲の安直を狙ひ買ひに利あり
翼宿	安重	火曜	初め安氣配なるも後に高し前塲を買に利あり
軫宿	急速	水曜	人氣強氣配なるも後安し前塲の高直を狙ひ賣に利あり

右は二十八宿各星の性質に依り其高低を示したるものなれば廣く活用して賣買の方針を守むべし然れども之れのみに偏すべからず

○因に記す二十八宿中、尾宿より室宿までに高直を現はすことあり、又畢宿より鬼宿迄に安直を現はすこことあり、何れもそのときに因りて活用せらるべし

○畢參張婁の四宿は高低變動の節往々止ることあり又表中に『○△』と『○』と『△』を記しあるは天井及び底を觀察すべき印にて○印は天井、△印は底直と知るべし、而して○△印は變動の別と知るべり

別法易學數理圓心法

定期米及株式取引市場に於ける毎日相場の高低を見るは實に至難の事とす易の數理上多年の統計により

實驗せし處不思議に的中するを以て其占法を左に揚げて讀者の應用をまつ（陽曆を用ふ）

○其年の數、其月の數、其の數を合して八拂ひとなし一本殘れば ☰ 二本殘れば ☱ 三本殘れば ☲ 總す

數は前法と同じとし内卦を立て向は又其年の數、其月の數、其立會時間の數を合して八拂とし變爻の卦を

を設けて一卦と爲し而して後ち其年の數其月の數其日の數其立會時間の數を合して六拂とし變爻の卦を

見れば茲に於て本卦變爻を見合せて其立會時の高低を觀察するを得べし

○年の數と稱するは子年一本丑年なれば二本寅年なれば三本卯年なれば四本辰年なれば五本巳年なれば

六本午年なれば七本未年なれば八本申年なれば九本酉年なれば十本戌年なれば十一本亥年なれば十二本に數ふべし

○月の數と稱するは一月なれば一本二月なれば二本三月なれば三本四月なれば四本五月なれば五本六月

なれば六本七月なれば七本八月なれば八本九月なれば九本十月なれば十本十一月なれば十一本十二月な

れば十二本ごす

○日の數と稱するは一日なれば一本二日なれば二本三日なれば三本四日なれば四本以下之に倣ふ

○時の數と稱するは子の刻なれば一本丑の刻なれば二本寅の刻なれば三本以下之に傚ふ

一、子刻（午後十一時より　午前一時まで）
二、丑刻（午前一時より　三時まで）
三、寅刻（午前三時より　五時まで）
四、卯刻（午前五時より　七時まで）
五、辰刻（午前七時より　九時まで）
六、巳刻（午前九時より　十一時まで）
七、午刻（午前十一時より　午後一時まで）
八、未刻（午後一時より　三時まで）
九、申刻（午後三時より　五時まで）
十、酉刻（午後五時より　七時まで）
十一、戌刻（午後七時より　九時まで）
十二、亥刻（午後九時より　十一時まで）

右の時間より市場立會時間を見て算ふ

實地的中の占例

大正十三年一月十七日東京米穀取引市場の米相場の氣配を觀したるに朝寄附第一節は九時三十分立會

本年は子年なるにより　　　　一本
一月は一なるにより　　　　　一本
十七日は十七なるにより　　十七本
　　　　　　合計笊竹　　　十九本

此筮竹十九本を二本づゝ四度び數ふ即ち八掛ひをなす時は三本殘るなり即ち三本は☳の卦にして之を内卦と定め第一節は九時三十分より五節まで十一時餘なるを以て則ち己の刻を應用し巳の刻は六本なれば此六本に年月日の數なる十九本を加へ二十五本となる之を二本づゝ四度び數び則ち八掛へを爲す時は一本殘る一本は☴の卦にて之を外卦とす是れ内卦と外卦と合して

又右の二十五本を二本づゝ三度び則ち六掛へとなす時は一本殘る故に初爻變こなる此卦は強き上進するの卦にして當日前場寄高強氣配なるも三四節三十九圓八十五錢の安直を示して夫れより本場九節までに

☲☴ 天火同人の卦なり

同九十五錢に上進せり

又一例　前の占法により

大正十三年二月二日東京米穀取引市場の米相場を見れば

☲☴ 火風鼎の五爻變となる此卦は巽は往來し離は上る又巽木を以て離火を焚く象にして上進の勢ひ強し故に同月二日は三十九圓三十錢の寄附が漸次上進し本場五節及後場四節までに一圓二十錢の暴騰

を見たり

易學諸物價應用

相場の占法は第一に其高下の大小を決定すべし次に直數を考察すべし

又内卦より外卦へ上りたるときは直數は外卦を以て計ること第一なり則ち乾、兌、離、震、巽、坎、艮

坤の八卦の數を能く心得ること肝要なり

初位は動靜の如何を察すべく三位は押目の有無を見るべし、八卦の數に心得あること各々

等の二つの數ある中に於て計るときは上る時は陽數を用ひ下る時は陰數を用ふる事心得べし

卦	方向	數
乾	上る	九四
兌	底直 下り	四九
離	上り	二七
震	上り	三八
巽	持合 下り	八三
次	大下り	一六
艮	上り	五十
坤	下り	十五

各々 三八 四九

天井直底直觀測法

相場の秘訣は天井直と底直とを見付るのが肝要である然し天井直段は全中の最好賣場所にして又底直段

は最良なる買場たり即ち天井後の三ヶ月は賣方針にて必ず的中し底直後の三ヶ月は買方針を採りて必勝

疑ひなきものなり其中間の往來相場の場合にも上開きと下開きとを見付る事を得れば其賣買は實に意の

如くなるべし、左れば古人も此天井直、底直を發見の爲には少からざる苦心し其説く所も種々あれども

吾人は其年の作柄によりて天井底の出る月の大方を左に示さん

○天災又は端境品がすれ或は品不足の爲めに大思惑を爲す者ある場合六、七、八月に天井直段を現はす

ものにして十二月、一月頃底直を出すものなり

○豊年にて天候良好作柄の非難なく豊作萬歳を唱ふる年は八、九月に底直を出して十二月、一月頃天井直段を出すものなり、不作年にては十二月、一月頃底直を出し六、七月頃に天井直段を出すものなり

○數月間高下あり段々起き上り一時は高直にて持合の状態を現はす後更に大上げとなり市場は大騒する時は是れ上止りにて一年中の大天井直を現はすの時なり

○天災又冷氣の爲めに各地共人氣激昇し續へて五六ヶ月上騰し此上尚は何程上るか計り難き人氣となりたる時が是れ年中の最天井なり

○底直段にて持合ふ事なく急に上騰する米は二三ヶ月目に至て天井直段を出すものなり

○急激に一割以上の上騰ありたる時は一先づ天井と見て賣買の駆引に爲すものなり相場が段々下落し各地共弱材料にて更に強氣なく人氣一般に弱くして今後何程下落するか計り難き所が即ち底直となるものなり

○相場は天井一日底直五十日と云ひ或は買八分の利、賣二分の利と云ふ譬への如くいつも其底落を待て買方に向ふのが良策とするものなり是れ著者の數年實驗せるものにて賣つて取り返しの出來ざる事は往々あるも買方に於ては十中の七八までは必ず勝利あるべし

押直戻り直算出法

此法は元罫線を基として算出するものにして罫線とは相場の變動其事跡を製圖して其趨勢の向ふ所を觀察するものなり之を足取表と云ふ之には五錢足十錢足あり此算出法は最近に於ける上直となりて一線を曲げたる頭と下直となりて一線を曲げたる尻とを標準として押目の何程なるかを知らんとする場合は所謂尻直段を二倍し之に頭直段を加へ三除したるものは押目となるべき直段なり又戻り直算出するには頭直段を二倍し之れに尻直段を加へ三除して得たる直段は戻るなり此法は數年統計によりしものにして日々市場に於て賣買を爲すに尤も便利にて掛引する事を得べし

來月の方針豫測法

諺に曰く相場を知るものは相場に聞けと云ふ譬ひの如く斯業に從事するものは兎角材料の一方に偏する僻あり夫れ故に往々失敗を招く事あり公平なる判斷を爲すには必ず相場より聞く時は斯かる憂なく即ち今月の相場により來月の方向を知らんとせば罫線日足を用ふべし即ち朝寄附一節直段と大引直段との中間直幅を骨髓にし其以外に奔出せる直段は皮肉なり而して骨髓は實質にして現勢勢力なり皮肉は假體にして潛勢力なり之の潛勢力即ち皮肉直の幅を上直と下直とに區別して日々の分を一ケ月間通計

米價四季の觀測法

春の賣買

春の米は小高持合直幅少なく一割乃至一割五分位の高低で二割と云ふ高低は稀である最も不作の翌春な

れば相當の變動はあるが豊年の翌春と來ては全く持合多し

夏の賣買

夏は天災雨風で相塲が動く在米は減少し需要は多く自然と高低の直幅が廣くなり依て二割乃至三割の高

下のある時なり即ち夏の米は三割に向へと云ひ傳へてあるが上又は下と三割に上下ある時は何時なりと

し上下の數を比較すべし即ち來月の趨勢は其數の多き方にありて上幅數多きは後に上るを以て買に

向ひ下幅數多き時は後下るを以て賣方針を取るべし其理の應用とする所は毎日骨髓以外に奔走する直段

は人氣旺盛なる兆候なれども賣り押へ買支へ小反等の懸引の事情により伸力を阻止せられ居る者の限

月の更代と共に其潜勢力の發現するものにして之は古人の數へる所の最も公平なる判斷であり十中の七

八的中するものなり依て新甫に對する必勝方針を期せんと欲するものは以上毎日の直幅等を參照し作戰

すれば必勝疑ひなかるべく數理に因つて其大勢の強弱を見て更に之に易の數理を以て活斷する時は天底

の細密なる直數を知ることを得べし

も賣買に利益ある好時機なれば常に記憶して大に活動せらるべし

秋の賣買

秋は春米と夏米との中間の直幅で二割内外の高低である秋の米は一年中最も大切なる三大厄日のある白
露彼岸二百十日と云ふ新米古米の端境期にて實に買材料の豐富なる時で平穩なれば意外の大崩落あり天
災あれば大上騰さりて平穩の年は九、十、十一、月は下る依て無難の低落を待ち買方針に利益多し

冬の賣買

晩秋より冬に掛けて米の出盛りは大體安直勝なり上作の年は冬は安くして冬に上向く年は翌年意外に上
騰す一年中に米の買時は秋冬の安直を買に利あるべし

米價毎年の豐凶觀測法

米價は天地自然の道理に依て變動するものなり茲に天運循環に因て毎年の豐凶と米價の變動を觀測する
事が出來る即ち六甲に因て末來の高低を見るに中高廻り三年、中安廻り三年大高廻り三年、大安廻り三
年、合して十二年として一週循環するものなり高廻り三年は十二月甲、十月甲八月甲に終る安廻り三
年は六月甲、四月甲、二月甲、に終り其より又變るものとす何れの甲にも一甲毎に高直一度安直一度其

他は通ひ高下にて天井又は底を見る相場に非ず又高廻りになれば前年の安直を破らず高直を越して上る
ものなり安廻りになれば前年の高直を破らず安直を越して下るものとす是れ高廻り安廻りの位取にして
此位取惡ければ皆書裏となる又何れの甲に當る年にても甲、乙、丙、丁の四ヶ月の内天井直出ると定め
置くと雖も成、己に遅るべきこともあり又戌己庚辛壬癸の六ヶ月の内癸を底値日と定め置くと雖も是れ又
癸に限るべからず又八月甲に當るとせんか例へば六月に天井直段の先んずる事併し此の如きことは三十
年に一度あるのみ何れの月に天井直出る何れの月に底直となるか能く引合して考ふべし即ち六甲の年月
の見様は十二ヶ年并に六ヶ年とす實驗によれば六ヶ年目に循環の即ち大正十三年の八、十月甲なれば
大正八年十月甲に對照して見るべし以下之に準す

六十甲子毎日米價強弱の事

甲子	此日大勢は高下ありて後高し、寄附より下なきは買、寄附より上なき賣の日。 （備考）庚申、辛酉、壬戌の三日に安きは此日に暴騰す。
海中金 乙丑	此日大勢は高下ありて後高し、寄附より下なきは買、寄附より上なきは賣の日。 （備考）丑天井丑 の變動別れ往々あり賣買に注意すべし。

丙寅　爐中火

此日大勢は強含みにて後安し、寄附より上なきは下りて又戻る故に安きを望み買の日。

（備考）丙閉は下務ち丙破は上勝ち變動別れあり。

丁卯

此日大勢は高下ありて後高し、寄附より弱含みなるときは買又寄附より安持合も買此日多くは持合のこと往々あり。

戊辰

此日大勢は高下ありて後高し、寄附より上なきは買、又寄附より下なきも買の日。

（備考）此日變動別れ往々あり賣買に往意すべし。

己巳　森林木

此日大勢は安含みにて後高し、寄附安含みを買の日。

（備考）己底己天井と云ひ漸次下は此の日底を附け上も又天井を附くべし。

庚午

此日大勢は高下ありて後高し寄附より下なきは買大に上なきは賣の日、

（備考）此日高持合のときは癸酉甲戌に大下あり

辛未　路傍土

此日大勢は高下ありて後安し、寄附高直を賣の日若し低落なければ、甲戌の日大下落あり

（備考）此日變動の刷れ往々あり賣買に注意すべし。

壬申

此日大勢は高下ありて後安し寄附より高直なきは賣の日此日槌の入日より三日目に當るを以て人氣安含みの日なり。

癸酉　劍鋒金

此日大勢は高含みありて後安し寄附ときは五六日の中に大上あり又寄附強氣持合なれば甲戌の日大下落ありて賣買に注意。

甲戌 山頭火

此日大勢は高下ありて後下落す、辛未の日低落なりければ此日大下落あり。

（備考）戌の題變りと云ひて此日天井又は底直別れを現はす。

乙亥

此日大勢は高下ありて後高し、相場景氣附上進の勢ひあるも大勢は弱し寄附高持合は賣に利あり

（備考）此日變動の別れ往々あり。

丙子 澗下水

此日大勢高下ありて後高し、寄附より下る安含みを買又少し上りて安きも買の日

（備考）丙閉に當る日は大に變化あるなり

丁丑

此日大勢は高下ありて後安し、寄附より上なきは下にて底となり寄附下なきは買の日。

（備考）丑天上丑底の變動別れ往々あり。

戊寅 城頭土

此日大勢は高下あり後高し、寄附より下なきは買寄附より下へ廻れば氣以べし又安直より急によることあり注意。

己卯

此日大勢は高下ありて後高し、寄附上なきは押し下にて買寄附より下なきときは買の日大

城頭土

此日大勢は活氣なく持合て後安し、寄附下なるときは買上るとも大引安き日。

（備考）此日天井又底値の別れ往々あり進退駈引に注意すべし。

庚辰 白鑞金

此日大勢は高下あり後高し、寄付より下なきは買り附けより上なるも買の日。

辛巳

此日大勢は高下ありし後高し、寄付より下なきは買の日

（備考）巳底巳天井の別れ往々あれば注意すべし。

壬午
此日大勢は高下ありて後安し、寄付より下なきは買又戻る、高値安値は甲申の日の相場を見合はすべし變動の別れあり。

楊柳木
癸未
此日大勢は高下ありて後安し、寄り付き値より高値なきは買方針に利あり末は變動の別れなること往々あり賣買共に注意

甲申
此日大勢は高下ありて後安し、寄付より下なきは上るも下るなり晴天は安し降雨は高し

井泉水
乙酉
（備考）此日十方暮に入る賣買に注意
此日大勢は高下ありて後高きも持合の日、寄り付きより下るときは買、寄り付きより持合
ふときは買に吉なるも油斷ならず。

丙戌
此日大勢は高下ありて後高し、寄り付きより下げなきは買に吉、上げなきは賣に吉

屋上土
丁亥
（備考）戊の題變りと云ひ此日變動の別れ往々あり
此日大勢は高下ありて後高し又持合相場にして目ざましきことなく多くは賣買見送るの日

戊子
（備考）此日は變動別れなること往々あれば賣買に注意すべし
此日大勢は高下ありて後安し、底落の底となること往々あり故に數月の下げ底値は買なる
も數月の上げは高値賣の日

霹靂火
巳丑
此日大勢は高下ありて後安し、此日丑天井丑底の變動別れにて數月の上げは此日天井とな
る又下げも此日底となる

庚寅　松柏木

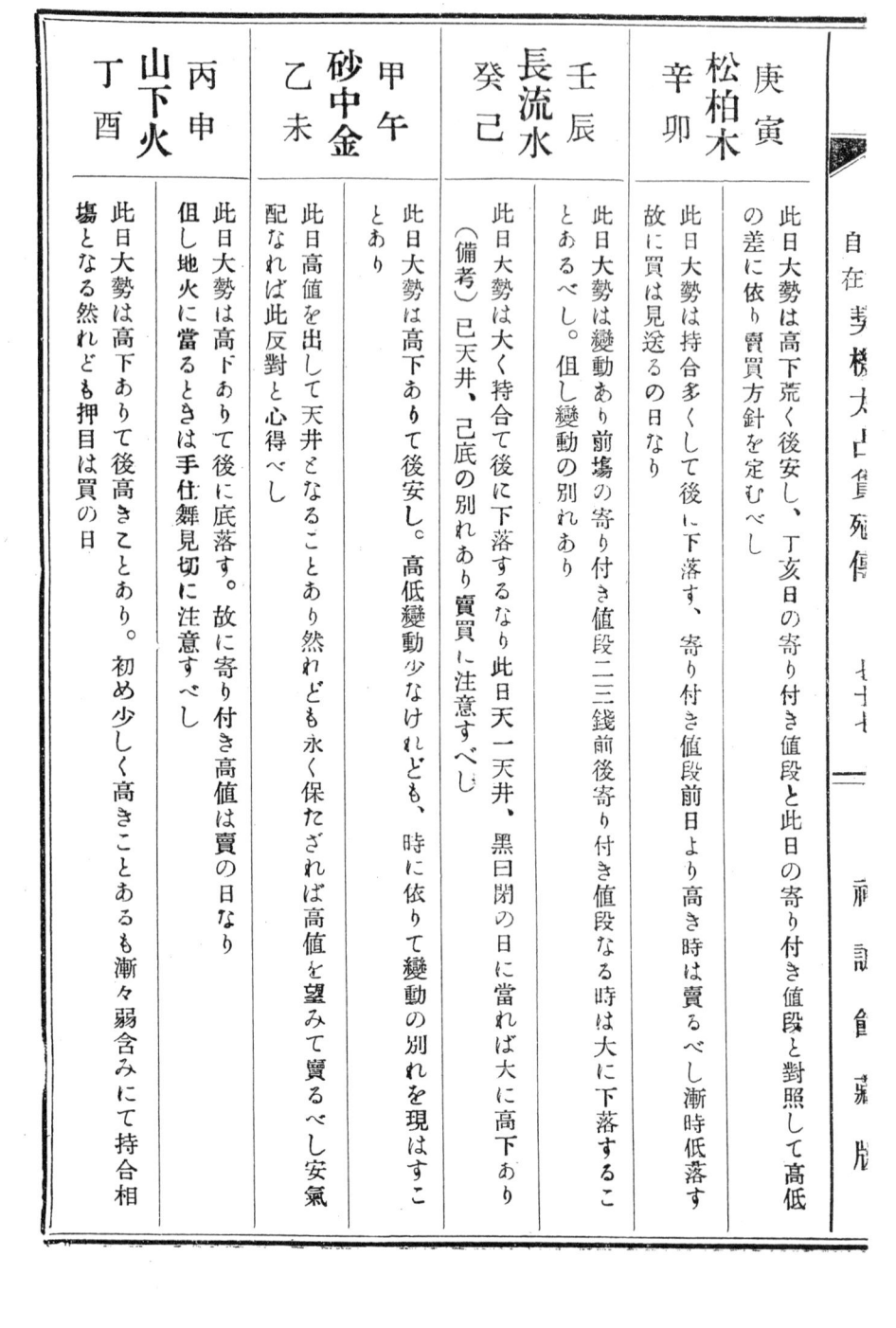

此日大勢は高下荒く後安し、丁亥日の寄り付き値段と此日の寄り付き値段と對照して高低の差に依り賣買方針を定むべし

辛卯

此日大勢は持合多くして後に下落す、寄り付き値段前日より高き時は賣るべし漸時低落す故に買は見送るの日なり

壬辰

此日大勢は變動あり前場の寄り付き値段二三錢前後寄り付き値段なる時は大に下落すること
とあるべし。但し變動の別れあり

癸巳　長流水

此日大勢は大く持合で後に下落するなり此日天一天井、黒日閉の日に當れば大に高下ありすこ
とあり
（備考）巳天井、巳底の別れあり實買に注意すべし

甲午

此日大勢は高下ありて後安し。高低變動少なけれども、時に依りて變動の別れを現はすこ
とあり

乙未　砂中金

此日高値を出して天井となることあり然れども永く保たざれば高値を望みて買ふべし安氣
配なれば此反對と心得べし

丙申

此日大勢は高下ありて後に底落す。故に寄り付き高値は賣の日なり
但し地火に當るときは手仕舞見切に注意すべし

丁酉　山下火

此日大勢は高下ありて後高きことあり。初め少しく高きことあるも漸々弱含みにて持合相
場となる然れども押目は買の日

戊戌　平地木

此日大勢は高下ありて安し前場二三節の寄り付き値段より高値なきときは下る兆なれば高値を賣るべし強氣配持合ふ時は不時變動又變動別れ往々あり

己亥

此日大勢は持合ありて後高し人氣重く沈靜にして活氣なし然れども此の日變動の別れなること往々あり意外に安きは買に利あるの日

庚子

此の日も前日に同じく人氣引立たず持合ふべし寄付より下げなきは上りて夫より下る秋は不時ありて大に上ること々あり

辛丑　壁上土

此の日高下あり押目〱を買ふべし後高し

（備考）丑天井丑底と曰ふ、數の上げ日は天井となり同下げは底となること々あり

壬寅

此の日前場高けれども後場人氣挫けて安含みとなるも大引は高かるべし意外の安値現はれたるは買の日なり

癸卯　金箔金

此の日大勢は高値を望み賣るの日なり多くは持合にて寄附より高持合あるも後下落するが故に賣に利あるの日

甲辰

此日大勢は高下あり後に下る此日小高下變動薄し然れども寄附前日より高ければ上相場と心得るべし變動の別れあり

乙巳　覆燈火

此日大勢高下ありて後ち安し小高下持合なるも後場急に下ることあれば注意すべし

（備考）巳底天井を打つことあり

丙午 天河水 丁未

此の日大勢は高下ありて後安し寄附値段高ければ直ちに賣るべし大下落あり但し人造相場を注意すべし

此日大勢は高下ありて後高し押目あらば高直を望みて賣方を採らるべし必ず下落する事あるべし

（備考）變動の別れ往々あり

戊申 大驛土 己酉

此日大勢は持合の日寄附相場前日より安寄附なれば上進する事あり直ちに買ふべし

（備考）此日天一天上の終りなり

に吉

此日大勢は朝安く後高し前場の安値を買の日と心得べし寄附下げなきも買又下げにても買

庚戌 釵釧金 辛亥

此日大勢は初め安く後高し強含み持合となるときは上進の兆なれば安直を望み買に吉又安含みなれば底直出づ

此日大勢は初め高く後安し寄附直段前場の四節に出づるときは下落の兆と心得べし概して弱含み安人氣の日なり

壬子 桑柘木 癸丑

此日大勢は初め安く後上る始めより漸次ジリ／＼上るときは意外の高直あるべし又下直なれば漸く安直なるべし

（備考）八專の入りなり

此日大勢は上ることあるも永く保たずして下落すべし故に高直を望みて賣るの日但し母倉に當れば速に利食すべし

甲寅・乙卯　大溪水

甲寅

此日大勢は初め高く後安し寄附より段々上るとも買は無用なり高直を望み賣に利あり冬は往々天井及底現はる

乙卯

此日大勢は前日より高持合の時は買に廻りて利あり或は變動の別れを打つことあるべし注意すべき日なり

丙辰・丁巳　沙中土

丙辰

此日大勢は後に安き高下薄くして變動なし然れども人氣は強き方なり

（備考）此日相塲の題變りなること往々あり

丁巳

此日大勢は初め高く後安し寄附直段より下押しあれば買なり又寄附高上向強氣配なれば賣と心得べし

（備考）天底の別れ往々あり

戊午・己未　天上火

戊午

此日大勢は高下ありて後安し相塲變動の別れ日なり賣買に注意すべし但高ければ天井又安ければ底直出づべし

己未

此日大勢は初め安く後高し變動あり賣買に注意すべし

（備考）此日相塲の題變り往々あり賣買に注意すべし

庚申・辛酉　柘榴木

庚申

此日大勢は高下共荒く後高し故に注意を要す然れども前日の寄附直段當日の本塲三節に出づるときは下るの兆とす

辛酉

此日大勢は後安し安直買ひ高寄附賣の日なり此日に限らず酉の日の高直は賣て二日の後に必ず利あるべし

壬戌
大海水
癸亥

此日大勢は後高し寄附直段より上氣配は買ふべし又弱含みにて持合となるときは賣に利あるべし （備考）變動別れあり

此日大勢は初め高後安し黑日に當るときは少し下落あるも又上進す人氣場面を考へ買方に廻るべし （備考）變動の別れ往々あり

米價變動の別れ日見様の事

天一天井、八專八、丑日、不成就日

右の日米直引上げ天井近くなる時此日に當りて高直出るときは即ち年中行附天井直段と心得べし其後是より直段出づることなし三年塞り八月甲に廻る年此日必ず天井出づるものなり 但し通例の年にも此日天井出づること度々あり米段々引上げ天井直段近くなり廿九日三十日一二割方も景氣能く出來るときは其次月は天井直段出づるを心得べし疑ふべからず

［理由］本年は三年西塞り八月甲に當る年の經驗を述べたもので西塞りの八月甲の年は上げ詰めるときは必ず右の一つに當る日天井を打つものである其天井の見様は段々數ヶ月上げて來て三十日頃の內氣配が景氣能く出づるときは天井直出づると心得べし

昭和三年五月廿五日印刷

昭和三年五月三十日發行

不許復製

著作者　横濱市鶴見町稲荷山　柄澤照覺

發行者　東京市本郷區湯島四丁目五番地　柄澤正義

印刷者　横濱市鶴見區鶴見町一五三四番地　雨宮貫一郎

印刷所　横濱市鶴見區鶴見町一五三四番地　大成印刷社

頒布所　横濱市鶴見區稲荷山　高島陰陽寮
電話　鶴見　四三五番
振替口座東京六〇八一三番

發賣所　東京市本郷區湯島四丁目五番地　神誠舘
振替口座東京　五三六五番

同　東京市神田錦町三丁目三番地　永樂堂
振替口座東京　一二九九四番

定價　五圓也
算木筮竹附
郵稅十二錢

神通
自在 契機大占貨殖伝

定価　二八〇〇円＋税

昭和　三　年五月三十日　初版発行
平成十九年八月二十日　復刻版発行

著者　柄澤照覚

発行　八幡書店

東京都品川区上大崎二─二十三─三十五
ニューフジビル二階
電話　〇三（三四四二）八一二九
振替　〇〇一八〇─一九五一七四